재일기 – 붓다를 그리다

The coloring for Buddha

CHAIK·ANN 책앤

머리말

자신이 주인 되는 삶을 그리며…….

어느 날 초등학교 2학년 제자가 자신이 산에서 보았다는 재미있는 아줌마 이야기를 했습니다.

산에 가면 한 아줌마가 누워 있는데 그 아줌마 머리카락 하나하나가 달팽이라고 하는 것이 아닙니까. 저는 한참을 생각했습니다. 산속에 있는 아줌마? 누워 있어? 달팽이 머리? 번쩍하고 누군지 알게 되자 주위가 떠나가라 웃음을 터트렸습니다. 그분은 달팽이 머리를 한 아줌마가 아니라 부처님이셨습니다.

제자는 아직 부처님의 존재를 몰라서 그냥 외부의 모습으로 인식한 것입니다. 달팽이 파마를 한 동네 아줌마가 평상에 누워서 졸고 있는 모습을 상상하니 참 편안하게 느껴졌습니다. 그 느낌을 부처님 안에서 찾으니 마음이 편안해졌습니다.

산사에 가면 맑은 공기와 차분하고 그윽한 향기에 몸이 편안해집니다. 대웅전에 들어가서 넓은 마루에 앉아 지그시 눈을 감고 앉아 있으면 마음속 온갖 상념의 찌꺼기들이 사라집니다.

그러나 현실의 삶으로 돌아오면 짜증내고, 화내고, 분노하고 온갖 망상, 걱정들로 몸과 마음은 뒤죽박죽되어 폐허가 됩니다. 뉴스에서는 당장이라도 큰일이 날 것처럼 무시무시한 정보들을 쏟아내고 경제는 어렵다고들 난리입니다. 너무나 살기 힘들어 가끔씩 정중선을 꿈꿔 봅니다.

모든 것을 다 버리고 무소유를 실천하며 절 근처에서 조용히 스님처럼 산다면 그것이 최고의 행복이 아니겠는가 하는 생각에 빠지면 그래도 조금 마음이 편해집니다.

부처님께서는 권력, 부, 명예, 가족 등을 버리시고 진정한 정중선을 하신 분으로 알고 있었으나 권력자, 부자들, 가족들을 만나고 중생들과 함께 호흡을 하셨습니다.

그들의 걱정과 사회의 수많은 문제점 속에서도 부처님은 권력, 부, 명예, 가족 모두를 품고 가셨습니다. 하지만 중생처럼 그것에게 주인 자리를 빼앗기지 않으셨습니다.

자신이 주인이 되어 삶을 이끄셨습니다. 세상 모든 중생들의 근심 번뇌를 풀어주시는 부처님의 삶이 요중선의 삶입니다. 정중선의 삶은 고요하고 차분한 곳에서 참선을 하면 웬만한 걱정거리와 고통은 사라집니다.

하지만 그 상황이 사라지면 다시 안절부절못하고 고뇌와 번뇌 속에 빠져버립니다. 나 자신의 마음이 아닌 상황이 주인이 되어버리면 '나'는 상황 속에 이리저리 휘둘리는 존재일 뿐 아무것도 아닌 것이 됩니다.

요중선은 하루종일 이득이 없어도, 손해를 보아도, 옆에서 난리가 나도 항상 여여하게 마음의 중심을 잡고 흔들림 없이 나아가는 것입니다.

부처님께서 맑고 깨끗한 물속에서 좋은 공기, 좋은 영양분을 섭취하며 아름답게 핀 꽃이었다면 아무도 그분을 존경하지 않았을 것입니다. 그분은 그런 물속에서 살 수 있었지만 더러운 곳으로 자진해 가셔서 그곳에서 아름답게 핀 꽃이기에 우리는 그분을 존경하는 것입니다.

진흙으로 가득 찬 더러운 물속에서 맑고 아름답게 핀 연꽃을 보면 부처님을 생각하게 됩니다.

김재일/2015/09/15 첫새벽에 쓰다.

Part One. 붓다를 읽다

The story of Buddha

Part Two. 붓다를 그리다

The coloring for Buddha

Part One. The story of Buddha

붓다를 읽다

붓다의 일생 : 태몽 | 탄생 | 어머니의 죽음 | 야소다라와 결혼 | 라훌라가 태어나다 | 출가 | 고행수행자와 만남 | 알라라깔라마와 만남 | 고행 속으로 정진하다 | 마라의 훼방 | 깨달음 | 최초의 설법 | 모함 | 카필라국의 멸망 | …… | 반열반에 들다

태몽

여섯 개의 상아를 황금으로 치장한 하얀 코끼리가 허공에서 내려왔다.
커다란 코끼리는 놀랄 겨를도 없이 성큼성큼 다가와 마야왕비의 옆구리로 들어왔다.
나이 마흔이 넘도록 자식이 없었던 숫도다나왕은 그것이 세상을 구할 왕자의 태몽인 것을 알고
굶주리고 헐벗은 사람들에게 음식과 옷을 베풀며 기쁨을 나누었다.

마야왕비는 간밤에 꾼 황홀한 꿈 이야기를 한다.
꿈에 상아가 여섯 개인 코끼리가 옆구리로 들어왔답니다.
오~

다음 날이 되자 현자들을 불러 왕비가 꾼 꿈 이야기를 해주었다.

태몽이옵니다!

부처가 되어서 사람들을 구제하거라~
전륜성왕이 되어 세계를 통치하실 것입니다.

그것이 정말이오!
숫도다나왕은 기쁨을 감출 수가 없었다.
왕비여~ 태몽이라 하오.

굶주림과 헐벗은 사람들에게 음식과 의복을 나눠주며 왕자 잉태의 기쁨을 함께 나누었다.

해산 날이 다가오자, 친정 꼴리야로 향했다.

룸비니 동산에 이르렀을 때

왕비는 산기를 느꼈다.

탄생

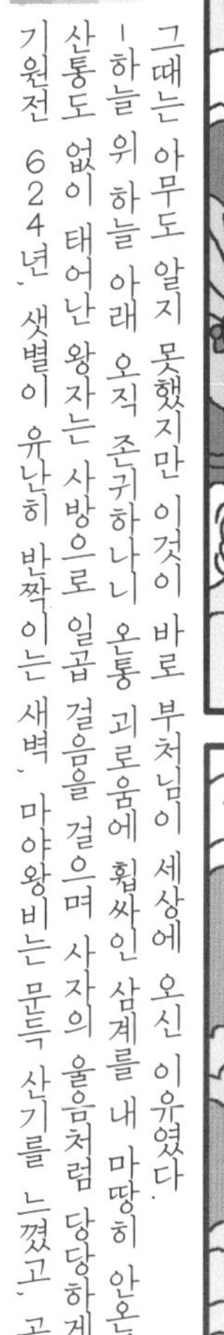

기원전 624년, 샛별이 유난히 반짝이는 새벽, 마야왕비는 문득 산기를 느꼈고, 곧 아기를 낳았다.
산통도 없이 태어난 왕자는 사방으로 일곱 걸음을 걸으며 사자의 울음처럼 당당하게 말했다.
-하늘 위 하늘 아래 오직 존귀하니 온통 괴로움에 휩싸인 삼계를 내 마땅히 안온하게 하리라.-
그때는 아무도 알지 못했지만 이것이 바로 부처님이 세상에 오신 이유였다.

응애 응애

천상천하 유아독존

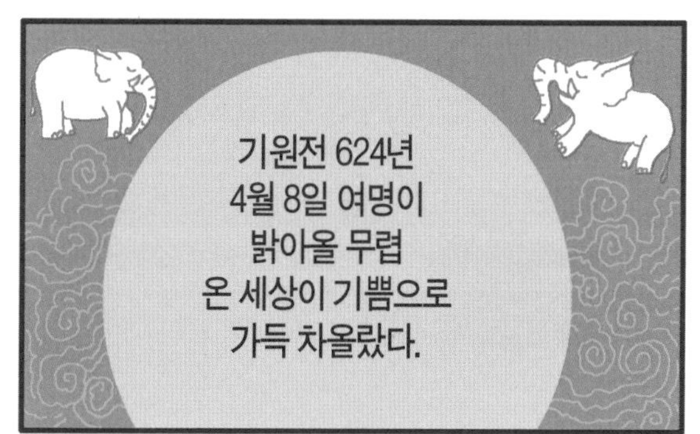
기원전 624년
4월 8일 여명이
밝아올 무렵
온 세상이 기쁨으로
가득 차올랐다.

어머니의 죽음

왕자가 태어난 지 7일 만에 마야왕비는 인간 세상에서의 짧은 생을 마쳤다.
-매정한 사람. 이 어린것이 누구의 젖을 먹으라고 속절없이 떠난단 말이오.-
숫도다나왕이 슬퍼하자 장로들이 다가와 이모의 사랑도 어머니의 사랑 못지않으니 마야왕비의 동생인 마하빠자빠띠가 왕자를 잘 돌볼 것이라 전했다. 그리하여 숫도다나왕은 왕자를 마하빠자빠띠의 품에 안겨주었다.

오~
나의
아들!

왕자의 이름은
싯다르타이다!
와
얼씨구!
절씨구!

그러나 왕비는 왕자가 태어난 지 7일 만에 세상을 떠났다.
왕은 넋이 나갈 듯한 절망에 빠졌다.

장례를 치른 뒤
왕자를 누가 양육해야 할지 의논합시다.

왕자의 이모이신 마하빠자빠띠께서 키우는 것이 가장 좋을 듯합니다.
마하빠자빠띠는 인품이 훌륭하고 모성애가 깊은 여인이다.

그러던 어느 날
웬 거지
노인이지?!

왕께 아시따가 왔다고 전하시오.
네.

어서 오세요,
아시따 님.

왕자님을 뵙고
싶습니다.
방금 잠이 들었으니 깨면 보여드리겠습니다.
그분은 항상
깨어 계십니다.

오~!

예언

지혜와 덕을 더할 나위 없이 갖추신 분이 룸비니 동산에서 석가족 숫도다나왕의 아들로 태어났다.
히말라야에서 선정을 즐기던 아시따 선인은 신들로부터 전언을 듣고 숫도다나왕을 찾아와 왕자를 보여달라고 했다. 잠시 후 왕자를 본 아시따 선인은 울면서 말했다.
– 왕자님께서 말씀하실 진리를 듣지 못하고 죽을 것을 생각하니 저도 모르게 눈물이 나네요. –

아시따 선인은 왕자를 유심히 살펴보았다.

불길한 징조가 보입니까?

그런 징조는 전혀 보이지 않습니다.

왕자님은 신보다 거룩하시고, 높은 깨달음의 경지에 이르실 분입니다.

왕자님의 바른 법은 온 세상에 퍼질 것입니다.

그런데 왜 우십니까?
제가 살날이 얼마 남지 않아 왕자님께서 말씀하실 진리를 듣지 못하는 게 안타까워 그럽니다.

너무 슬퍼 눈물이 앞을 가립니다.

아시따 선인의 말을 듣고 모두 기뻐했고,

왕은 깊은 생각에 잠겼다.

왕자는 건강하고 행복하게 무럭무럭 자랐다.

산수, 천문, 의학, 신화, 논리학, 정치학, 군사학 등을 배웠으며 몇 년 후 스승이 경외감을 느낄 만큼 뛰어난 학식과 무예를 갖추게 되었다.
약초

약육강식

싯다르타는 세금을 내기 위해 고통스럽게 일하는 백성들의 모습에 가슴이 아팠고, 세금을 내지 못하면 혹독한 고통을 가하는 권력자들에 자신도 속해 있다는 것이 더더욱 괴로웠다. 왜 세상은 불공평한가? 흙을 파면 나오는 벌레를 새가 잡아먹고, 새는 뱀이 다시 잡아먹는다. 채찍에 맞아 가며 타는 듯한 태양 아래에서 밭을 일구는 소도, 뒤에서 무너지는 육신을 겨우 추스르며 죽을 힘을 다해 일하는 농부도 모두 그와 같음을 느꼈다.

햇살이 따스한 봄날, 왕과 신하들은 농제를 지내고 잔치를 하고 있었다.

당신 배를 생각하며 먹어!
우걱우걱
쩝쩝

두리번
두리번

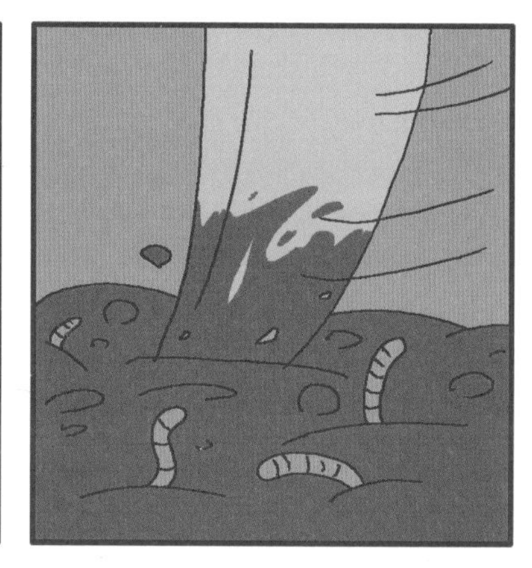

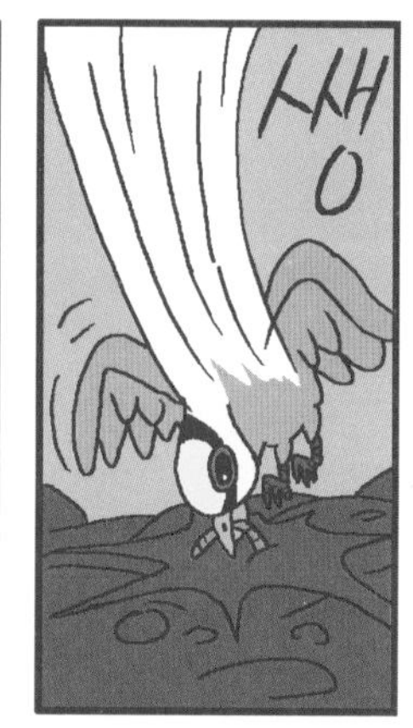
쌩

홱

귀족의 풍요로운 삶을 위해 세금을 바치는 농부는 뼈가 빠지게 일한다.
살아 있는 것들은 힘 있는 것이 힘 없는 것을 잔인하게 먹는다.

영원히 죽지 않는 삶

싯다르타는 왕족과 귀족들의 홍청망청한 잔치를 뒤로하고 한적한 숲을 거닐었다. 그곳에서 그는 냉정한 마음을 가지려고 노력하였다. 하지만 좀처럼 연민의 고통에서 벗어날 수 없었다. 순간 그의 눈앞에 잠부나무가 보였다. -그래 저 잠부나무 그늘에 앉아 마음을 달래 보자.- 그는 잠부나무 아래에서 깊은 사색에 잠겼다. 한참 시간이 흐른 후 왕자를 찾아온 왕족과 귀족들은 잠부나무 아래 있는 왕자의 장엄한 모습에 스스로 절을 하는 자신들을 발견하게 되었다.

세상은 고통과 죽음의
연속이구나.
크크.

강하고 힘 있는
존재들이
무엇이
두렵겠는가!

과연 그럴까?
지렁이, 작은 새,
힘 없는 인간,

그런 약한 존재는
고통을 당하고
죽임을 당하지.

우리처럼 최상위
존재들은 두려울
것이 없다.
최상위

그냥 즐기면서 인생을 보내면 되는 거다.
맛있는 거 먹고,
사랑하고,
잠자고,
오락하며~

강하고 힘 있는 것들은
죽지 않더냐?!

영원히 살 수 있더냐?
잉~
그, 그건
불가능하지.

시간이 빠르냐, 늦냐의 물리적
차이일 뿐 같은 삶이다.
빨리 죽은
삶
늦게 죽은
삶

나는 삶과 죽음에 사로잡혀
살지는 않겠다.
끙

싯다르타는 잠부나무 아래에서
깊은 명상에 잠겼다.

야소다라와 만남

숫도다나왕은 교만하지 않고 지조가 있으며 부지런하고 주위 사람을 자기 몸처럼 아끼는 신부를 찾고 있었다. 여러 여인들이 신부 후보가 되어 성 안으로 모여들었다. 그 속에는 야소다라라는 여인이 있었다. 그녀는 수많은 여인들 속에서 홀로 빛이 났다. 꼴리야족 숩빠붓다왕의 딸인 그녀는 숫도다나왕이 원하는 위의 조건을 갖춘 훌륭한 신붓감이었다. 싯다르타는 그녀에게 관심이 갔고 그녀 또한 싯다르타가 마음에 들었다. 둘은 느낌이 통했고 서로에게 호감을 가지게 되었다.

왕자가 결혼할 나이가 되었으니
신붓감을 추천해 보시오.

제 딸이
현숙하고
너무 귀엽고
예뻐요~
왕자님의
신부로는
제 딸이~
최고의 신부는
우리 딸!

왕자의 뜻에 맡길 것이니
여인들을 성으로
초대하시오.

아리따운 여인들이 궁으로
모여들었다.

왕자는 한 명 한 명에게 보석 꽃바구니를
나누어 주었다.

저에게도
바구니를
주세요.

남은 바구니가
없습니다.

저에게 창피를
주고 싶으세요?

긴 장

받으세요.
침묵

그럼~

그만하세요.
저는 왕자님을
벗기려는 게 아니라
제 몸으로 장식해
드리고 싶을
뿐입니다.

야소다라와 결혼

꼴리야왕은 싯다르타가 자신의 딸을 선택했듯이 야소다라에게 청혼한 모든 신랑 후보들 중에서 사위를 고르고 싶었다.

–나 꼴리야왕은 말하노니 신랑감은 건강하고 문과 무를 겸비하여야 하며 어느 자리에서나 당당하고 자존감 있는 남자여야 한다. 권력과 재물이 있다고 내 딸을 보내지는 않겠다.–

모든 왕족과 백성들이 모인 가운데서 시험이 치러졌고, 승리자는 바로 싯다르타였다. 숫도다나왕은 무척이나 행복했다.

오~ 그런 일이 있었구나.
네, 그렇습니다.

이로 인해 싯다르타는 꼴리야족 숩빠붓다왕의 딸 야소다라 공주에게 청혼을 하게 된다.
많은 청년들이 야소다라 공주에게 청혼을 하니, 그들끼리 겨루어 승리하는 자에게 결혼을 허락하겠소.

며칠 뒤 수많은 신랑 후보들이 모였다.

수학, 천문학 등 각종 필기시험과

승마,
으악

기마궁술,

검술 등

싯다르타는 모든 종목에서 승리하고~
승리자!

야소다라 공주와 결혼하게 된다.

아들이 결혼을 하니 기뻐도 너무 기뻐!
싱글벙글

생로병사

숫도다나왕은 싯다르타가 다른 생각에 빠지지 않게 쾌락과 기쁨을 가득 맛보도록 하였다. 그러던 어느 날 싯다르타에게 일대 전환기가 되는 일이 터졌다. 바로 사문유관이라는 일화이다. 마부와 함께 성 밖으로 나간 싯다르타는 오물과 냄새를 풍기며 썩어 가는 시체들 사이에서 병든 노인이 피를 토하며 죽어 가는 것을 보게 된다. 싯다르타는 이 끔찍한 광경에 충격을 받았다.

-아, 저것이 인생에서 벗어날 수 없는 늙음과 병듦인가! 그렇다면 우리는 지옥에서 사는 것과 다를 바가 없겠구나.-

왕자를 위해 궁전을 새로 짓고 편안함과 쾌락, 행복이 가득 찬 환경을 만들었다.
왕자를 위해서라면 무엇이든 할 수 있다.

그러던 어느 날
표정이 왜이리 어두우냐?

아침에 잠시 성 밖에 나갈 일이 있었습니다.

성 밖은 끔찍했습니다.
노인은 피를 토하며 죽어 가고 있었고, 주위 사람들은 피하고 있었습니다.

인생은 덧없이 흘러 죽음에 이르고, 그 길을 피할 수 없음을 눈으로 말하고 있었습니다.

네 가지 소원

사문유관 사건 후 싯다르타는 궁중 생활이 허상임을 깨닫게 되었다. 하지만 가족이라는 끊기 어려운 끈에 칭칭 감겨 깨달음을 행동으로 옮길 수가 없었는데 그 중심에는 아버지가 있었다. 싯다르타는 이 감옥 같은 상황에서 벗어나고 싶었다.

-나의 고통을 해결할 방법을 찾도록 도와주시지는 못할망정 그 고통 속으로 밀어 넣으면 저는 어찌하라는 말씀이신지요.-

아버지와 아들은 서로의 합의점을 찾지 못했고, 그 결과 부자 간에는 극도의 긴장감이 흘렀다.

어리석은 자는 자신은 병에 걸리지 않고, 늙지도 않으며, 건강하고 젊은 생을 살 것으로 생각합니다.
기고만장

그러나 현자는 이 모든 게 닥쳐 올 것을 알고 있습니다.

저는 출가하여 진리를 깨우칠 것입니다.

그것은 안 된다. 너는 왕위를 승계할 왕자야!

마음을 바꿔 이 나라를 부강하게 만들어 전륜성왕이 되어다오!

저는 반드시 출가할 것입니다.
네 소원을 모두 들어줄 테니 제발 출가는 하지 마라.

그럼 네 가지 소원을 들어주십시오.
그래그래. 말해 보아라.

첫째, 영원한 젊음을 주십시오. 둘째, 영원히 사랑하는 사람과 살 수 있게 해 주십시오.
무한청춘!
부럽다~
이 사람들도 늙거나 아프면 안 돼요.

셋째, 병이 걸리지 않고 영원히 건강하게 해 주십시오. 넷째, 죽지 않고 영원히 살 수 있게 해 주십시오.
영원히 사는 끝없는 생
끝이 있는 생
건강
병
경

그건 불가능한 소원이다.
그렇다면 저는 출가를 하겠습니다.

왕은 절망했다. 무엇으로도 왕자의 결심을 막을 수 없었지만, 포기할 수는 없었다.

왕자는 굳은 결심을 실행하려 준비했다. 그런데….
으앙

라훌라가 태어나다

싯다르타와 갈등이 깊어 가던 중에 손자 라훌라가 태어나자 숫도다나왕은 너무나 기뻐서 7일 동안 밤낮없이 잔치를 열었다. 반면 싯타르타는 아버지에게 손자를 낳아 드렸으니 출가할 수도 있다는 생각이 들었다. 이런 싯다르타의 마음을 알아차린 숫도다나왕은 외곽 경비를 강화하고 아들의 일거수일투족을 감시하게 하였다. 그럴수록 싯다르타의 마음은 흔들렸고, 어느 날 꿈을 꾸듯 평화롭게 잠들어 있는 야소다라와 라훌라를 지켜보던 그는 마침내 출가를 결심하고 마부 찬나의 방으로 갔다.

왕자님!
방금 아드님이
태어났습니다!

음….
라훌라가
태어났구나.
…….
소리도
우렁차구나!
으앙

만감이
교차하는군.

풍악을 울려라

왕자는 깊은 생각에 잠겼다.

더 이상 미룰 수 없다.

며칠 전
우연히 길에서 만난 사문.

사문이여~ 당신은 지금
어떤 마음으로, 어디로
가시는 중입니까?

지난날 희로애락이란 덫에 걸려
기쁘면 들뜨고 슬프면 괴로워하며
살았습니다. 그러던 중 병과 죽음을
보고 나서 인생무상을 느꼈고,

나를 둘러싼 모든 벽을
넘어 해탈의 길로 가는
중입니다.

싯다르타는 사문의 맑고 깨끗한 신
념에 찬 말을 듣고, 마음이 청정해
지고 힘이 생겼다.

출가 1

싯다르타와 찬나는 아노마 강변에 이르렀다. 맹수와 도적이 들끓는 숲으로 들어서기 전에 찬나는 싯다르타가 어떤 해를 입지 않을까 염려하며 이제라도 마음을 바꾸어 자신과 함께 궁으로 돌아갈 것을 애원했다.

ㅡ찬나야 어차피 인생은 혼자인 것이다. 생로병사의 사슬을 끊을 진리를 찾아 떠나는 마당에 걱정일랑 하지 마라.ㅡ

싯다르타는 장신구들을 하나하나 벗고 머리를 깎은 뒤 깊고 깊은 숲 속의 적요를 뚫고 자신의 길을 간다.

그래, 맞아! 출가하는 것이 내 길이다.

찬나야, 말을 준비하거라.
이 야밤에 어디를 가시려고요?

나는 출가할 것이다.
예~에?! 왕께서 아시면 큰일 납니다.

내 마음을 굳혔으니 어서 말을 데려오너라.
이러시면 아니되옵니다!

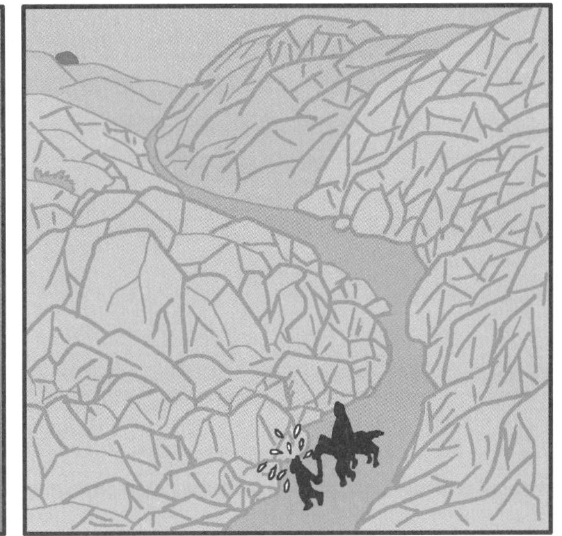

쓱쓱
으흐흑

이것들을 왕께 전해드리거라.

왕자님~!

나는 나의 길을 간다.

출가 2

싯다르타가 출가했다는 사실을 찬나로부터 전해 들은 야소다라는 가슴을 치며 오열했다.

―옛 문헌을 보면 가족이 함께 깨달음의 경지에 오르는 경우도 있다는데 어찌 무심하게 자신만 깨달음을 얻으려 하십니까? 극상의 기쁨을 자신만 느끼려 하시는 건지요. 나와 라훌라는 어떻게 살라고 무책임하게 혼자만 떠나시다니, 너무 하십니다!―

한편, 싯다르타는 숲을 걸어갔다. 발이 부르트고 모기떼가 온몸을 따갑게 물어댔지만 마음은 너무나 편하고 홀가분했다.

도대체 너는 무엇을 하고 있었단 말이냐?!

왕자님의 의지가 워낙 굳건하셔서 어쩔 수 없었습니다.
부들부들

그걸 변명이라고 하느냐! 무슨 수를 써서라도 데려와야지!

엉엉엉

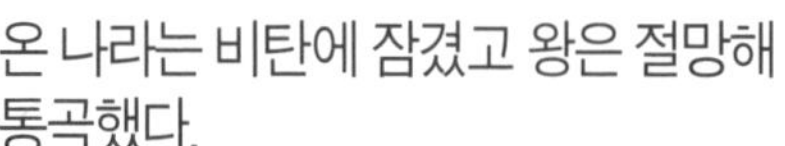
온 나라는 비탄에 잠겼고 왕은 절망해 통곡했다.

저…, 죄송합니다만 여분의 옷이 있으신지요?
음…, 누더기밖에 없는데요.

이거라도~
고맙습니다.

잘 입겠습니다.
그러시지요.

과일과 풀뿌리로 허기를 채우고 잠은 숲 속에서 잤다.

자신을 깨우쳐줄 스승을 찾아 걷고 또 걸었다.

그러던 어느 날이었다.

고행수행자와 만남1

ㅡ자신이 느끼는 고통의 크기만큼 죽어서의 쾌락을 얻을 수 있다. 또한 천상에 태어나서 행복을 누릴 수 있다.ㅡ

고행주의자 밧가와가 끔찍한 고행을 하는 이유를 이렇게 말하자 싯다르타는 크게 실망하여 다음과 같이 일렀다.

ㅡ그것은 어느 나라 왕이 목숨을 걸고 남의 땅을 빼앗는 것이나 장사꾼이 목숨을 걸고 바다를 건너 보물을 가지고 오는 것과 다를 바 없군요. 더군다나 당신들은 수행자라는 신분이니 속인 중에 속인이 하는 짓을 벌이고 있다고 저는 생각합니다.ㅡ

부들
부들
지글
~헉
버둥
버둥
끙
으아악

고행을 하는 이유가 무엇입니까?

천상에 태어나 행복하게 살기 위해서다.

왜 고행을 해야만 천상에 태어나게 되나요?

육체는 정신을 가두어 두는 감옥이야.
육체
정신

감옥을 나오려면 육체를 부숴 버려야 해! 그 강도가 강할수록 천상에 빨리 갈 수 있어.

불에 타 죽던가, 낭떠러지에 떨어져 죽던가, 굶어 죽으면 그 보상으로 빠르게 천상으로 갈 수 있다.
으아악
쌩
꼬르륵

침묵 ~~

고행을 하는 것은 대단한 일입니다. 그러나 고통의 대가로 천상에 올라가 행복을 누린다면
고통
행복

고통과 행복이 끊임없이 반복될 뿐입니다.
고통
지금
미래
고행
행복
대가

그런 행복은 행복이 아닌 고통입니다.

고행수행자와 만남2

-우리는 과거에도 미래에도 살지 않아요. 우리가 살고 있는 순간순간이 모여 우리의 인생이 되는 것이지요. 그 순간들을 소중히 여기고 그 속에서 의미를 찾아야지 미래의 대가를 바라고 오늘을 버리는 삶은 올바른 삶이 아니라고 생각됩니다.-

-당신의 말은 우리의 생각과 다르나 틀린 다름이 아니라 바른 다름이오. 그러니 알라라깔라마라는 선인을 만나 보시오.-

싯다르타의 말에 깊은 신뢰감을 느낀 밧가와는 위대한 선인 알라라깔라마를 소개해주었다.

그렇다면
어떤 것이
행복인가?

외부나 내부 세계에서
일어나는 사건들로 인해
흔들리지 않는 마음을
갖는 게 아닐까요.

폭력
으악

아이고
아이고
슬픔

죽음
살려
주세요!

겁먹고, 화내고,
울부짖는 사람에게는
행복이 있을 수 없습니다.
하지만….

폭력

슬픔

죽음

자신의 감정을 지배할 수 있고, 고통을 참아내 행복을 얻겠다는 생각조차 없으며, 슬픔마저 그냥 흘려 보낼 수만 있다면~

이것만
참으면 행복
온다!
정말
겪기싫어
죽겠어
초조
안달
다~지나갈 뿐
어차피
겪을 일이라면
-의연
-차분

이런 마음가짐이 행복에
더 가까워집니다.
-오~!

당신의 생각은 우리와 다르나
틀리지 않으며, 오히려 우리
생각보다 더 나을 수도
있습니다.

알라라깔라마와 만남1

밧가와의 고행을 보고 싯다르타는 수행은 참 다양하고 그것이 옳건 그르건 나름의 신념을 가진 수행자들도 많다는 것을 알게 되었다. 또한 자신이 얼마나 편안히 수행하려 했는지 반성도 하게 되었다. 하지만 그들의 길은 자신이 걸어갈 길이 아니라는 생각은 변함이 없었다. 한편 싯다르타는 알라라깔라마를 만나러 가는 길에 숫도다나왕이 보낸 사신들을 만나게 되고 그들을 설득하여 돌려보냈다. 그들 중에 꼰단냐, 왑빠, 밧디야, 마하나마, 앗사지 등은 함께 수행하겠다며 남게 된다.

남쪽으로 가시면
알라라깔라마라는
선인이 있습니다.

알겠습니다.
그 선인을 만나 뵙지요.

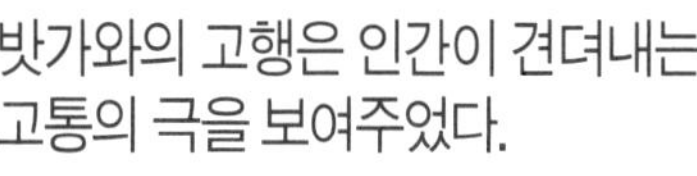
밧가와의 고행은 인간이 견뎌내는
고통의 극을 보여주었다.

끄으으윽

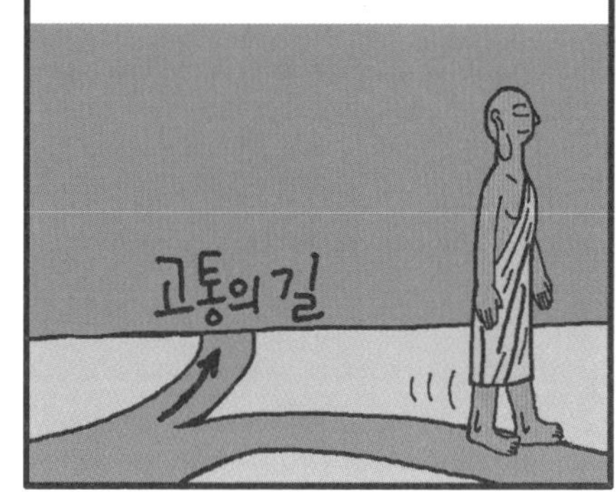
그러나 싯다르타는 그 길이 자신이 가
야할 길이 아니며, 또한 그 길은 모자
람이 많은 길임을 알았다.
고통의 길

스승님! 거룩하고
당당한 걸음으로
태양처럼 들어오는
사람이 있습니다.

그래! 이곳으로
모셔 오너라.

알라라깔라마와 만남2

열여섯 살에 출가해 104년 동안 수행해 120살이 된 알라라깔라마는 싯다르타를 보자마자 범상치 않음을 느꼈고, 그가 자신의 경지에 오를 수 있도록 물심양면으로 도움을 주었다. 120살 노인과 29살 청년의 교감은 아름다웠다. 싯다르타는 수십 년, 아니 평생을 해도 못 오를 수도 있는 경지를 몇 개월 만에 올랐으며 스승은 자신의 일처럼 너무나 기뻐했다. 싯다르타도 스승을 신뢰하며 정진했고, 스승의 깨달음을 같이했다. 싯다르타는 곧 스승과 능력의 차이가 없어져버렸다.

저는 싯다르타라는 수행자입니다.

알라라깔라마시여.
저는 당신에게 진리의 가르침을 받고 싶습니다.

나의 가르침은 나의 독창적인 가르침이 아니라 예로부터 내려오던 가르침입니다.
본인은 옛 선인들의 가르침을 행할 뿐입니다.

저도 그분들의 가르침을 받고 싶습니다.
그렇다면 잘 들으세요.
인간은 모두 무지합니다.

그 때문에 생사윤회를 반복하고, 생로병사에 괴로워합니다.
생사윤회
생
로
병
사
생
로
병
사

혼돈 속에서 생명이 나와서 '나'가 생기고, 그 '나'가 온갖 번뇌를 일으킵니다.
혼돈
나
무지
시기
질투
집착
탐욕

어떻게 하면 그런 무지에서 벗어날 수 있을까요?

조용한 곳에서 계행을 지키고 자신의 욕망을 절제하며 선정에 들어야 합니다.

모든 헛된 생각이 사라지고, 맑아질 때까지~

싯다르타는 그날부터 스승의 수행법을 실천했다.

알라라깔라마와 만남3

알라라깔라마는 싯다르타가 자신의 교단을 발전시킬 수 있는 인재임을 알고 기뻐했다. 하지만 싯다르타는 생로병사의 고통을 사라지게 하려면 조용히 선정에 들 수 있는 장소, 가족과의 인연을 끊을 수 있는 독한 마음, 인간의 모든 욕정을 참아낼 수 있는 굳건한 자기통제 등이 필요한 알라라깔라마의 가르침에는 한계가 있다는 것을 알게 되었다. 어떤 조건이 갖춰져야 생로병사의 고통을 잊을 수 있다는 것은 완전한 진리가 아니었으므로 싯다르타는 미련없이 알라라깔라마를 떠나게 된다.

오

다른 수행자들과는 견줄 수 없는 노력과 끈기로 정진하는군.

싯다르타는 오래지 않아 알라라깔라마가 깨달은 법을 증득하였다.
무소유처정

이렇게 빨리 법을 성취하다니 놀랍습니다.

당신은 내가 아는 모든 것을 알고 있으니 나의 경지에 이르렀습니다.

그렇습니까. 하지만….

아! 이토록 편하게 생로병사가 사라지다니.

신기하고 오묘해.
하하하

마치 마음속 커다란 바위가 사라져 뻥 뚫린 느낌이었다.
마음의 짐

그러나 일상으로 돌아오면 괴로움이 되살아났다.
선정
괴로움
선정
괴로움

이건 미봉책일 뿐이었어!
실망

싯다르타여. 그런 생각은 버리고 나와 함께 교단을 이끌어 나갑시다.
망녕일 뿐

당신의 가르침은 진리이나 그 진리만으로 생로병사를 해결할 수는 없습니다.

싯다르타는 떠났다.
생로병사의 고통을 벗어나기 전에는 머물 수 없습니다.
오, 싯다르타여!

빔비사라왕과 우정의 시작

마가다국의 수도 라자가하는 새로운 사상과 문물로 인해 번영을 누리던 곳으로 많은 수행자들이 몰리고 있었다. 싯다르타도 그중 한 명이었다. 그 당시에는 훌륭한 수행자를 왕이 직접 찾아가 그의 인품과 능력을 확인하고 자신의 인재로 쓰던 시기인지라 빔비사라왕은 급하게 싯다르타를 찾게 된다. 과연 소문대로 싯다르타가 훌륭한 수행자이며 태양종족이 세운 까삘라왓투 왕국의 왕자임을 알자 더더욱 깊은 관심을 가지게 된다. 그 후 그들의 우정은 죽기 전까지 이어진다.

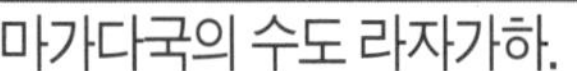
마가다국의 수도 라자가하.

싯다르타를 만난 사람들은 그의 몸가짐과 행동에서 신비하고 좋은 기운을 받았다.

싯타르타에 대한 신비한 소문은 도시에 퍼져 나갔다.

싯다르타는 신처럼 위엄이 있어!
아우라가 굉장해!
겸손하고 바르신 분 같아!

알라라깔라마가 깨우친 진리를 몇 개월 만에 깨우쳤대!
정말?!
대단하다.

싯다르타에 대한 소문은 왕에게 전해졌다.

오~ 그런 훌륭한 수행자가 있다니!
네, 그렇습니다.
당장 만나고 싶구나.

저 수행자에게서 비범함과 거룩한 기운이 느껴지는구나.

나는 마가다국의 빔비사라왕입니다.
당신은 누구십니까?

저는 까삘라왓투의 왕자였던 싯다르타입니다. 모든 것을 버리고 출가하여 깨닫기 위해 수행 중입니다.
당신에게 제안을 하겠소.

마가다국의 절반을 당신에게 주겠소.
말씀은 고맙습니다만 가지고 싶지 않습니다. 마음만 감사히 생각하겠습니다.

너무 작아서서 그러시오? 좋소, 마가다국을 전부 주겠소. 그것이 모자라면 다른 나라를 정복해서 주겠소!

번뇌와 욕망을 버리고 출가한 몸. 나의 소원은 오직 하나! 완전한 깨달음을 얻는 것뿐입니다.

대단한 수행자구나!

왕께서는 좋은 정치를 하셔서 국민들이 행복한 나라를 만들어 주십시오.

진리를 깨닫게 되면 나에게로 와서 꼭 가르쳐 주시오.
네~ 꼭 그리하겠습니다.

젖은 나무는 불붙지 않는다

라자가하에는 수많은 사상가들이 있었으나 싯다르타는 그중 칠백 명의 제자를 거느린 웃다까라마뿟따를 만났다.

―나는 모든 것을 깨달은 자이며 모든 것을 이긴 자이다. 고뇌의 뿌리를 모두 뽑아 완전한 해탈에 이르렀다―

싯다르타는 최선을 다해 웃다까라마뿟따가 깨달은 비상비비상처정(생각이 있는 것도 없는 것도 아닌 경지)에 이르렀다.

하지만 붓다는 그것조차도 모순이 있는 깨달음이요, 완전한 진리가 아님을 알고 스승을 떠난다.

싯다르타는 스승을 찾았다.

그 스승은 웃다까라마뿟따. 그는 많은 제자들에게 존경을 받았으나 알라라깔라마와 다르지 않았다.
OX▲★
어디서 많이 들었던 소리인데….

밧가와, 알라라깔라마, 웃다까라마뿟따. 그들로는 깨달음의 문을 열 수는 없었다.

아! 나에게는 스승이 없다. 이제는 혼자서 깨우치리라!
하지만 앞이 깜깜해.

절망에 빠져 있다가 정신을 차려 보니 오한이 온몸을 휘감았다.
으~ 추워.
쌩
덜덜

강변에 널린 나뭇가지를 주웠다.

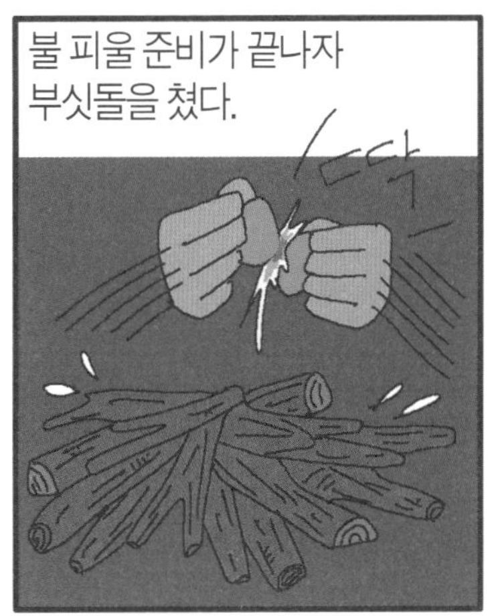
불 피울 준비가 끝나자 부싯돌을 쳤다.
딱

아무리 불을 붙이려 해도 붙지 않았다. 지친 몸은 추위와 함께 쓰러져 잠이 들었다.
쌩

다음 날 깨어 보니 몸이 만신창이가 되었다.
도저히 못 참겠다.

어제 축축했던 나무가 마른 듯했다.

마른 나무가 되니 불이 활활 붙었다.

아, 그렇다! 젖은 나무에 불을 붙일 수 없듯이 탐욕에 젖은 상태에서 어떻게 깨달을 수 있겠는가!

내 몸과 마음이 탐욕에 대한 애착을 완전히 버릴 때, 비로소 깨달을 수 있다.
몸, 마음

밧가와처럼 천상에 태어나기 위한 고행은 하지 않겠다.
꺄악
으아아악! 다음 생은 꼬~옥 천상에서 태어날 거야!

깨닫지 못하면 죽을 각오로 고행을 하겠다.

고행 속으로 정진하다

싯다르타는 자신의 스승이 될 만한 사문들을 찾아다녔지만 진정한 스승을 찾지 못했다. 그는 진리를 밖이 아닌 자신 안에서 찾기로 하고 고행을 시작한다. 그리고 지구가 생긴 이래 자신만큼 혹독한 고행을 한 자는 없을 정도로 극심한 고행을 했으나 그 길은 진리의 길이 아니었음을 깨닫게 된다. 순간 어린 시절 잠부나무 아래에서 했던 참선이 떠올랐다. 5년간의 극심한 고행이 그 참선만 못했다. 꼭 어마어마한 고통을 견뎌야 해탈열반이 일어난다는 것은 고정관념이었음을 알게 되자 싯다르타는 밥을 먹었다.

싯다르타, 용맹정진에 완전 감동!
우리도 싯다르타처럼 수행하자.
우와

싯다르타는 홀로 고행을 시작했다.

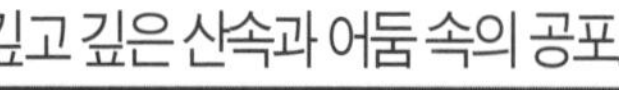
깊고 깊은 산속과 어둠 속의 공포.

호흡을 멈추는 고행.
머리가 터질 것 같다.

식사량 줄이기, 극단적 단식,

오늘은 콩 한 알로 버티자.
끄르륵

극한의 고행으로…,

피골이 상접해졌다.

산 거야? 죽은 거야?
살아도 오래는 못 버틸 듯….
뚝 뚝

5년간 극단적인 고행으로 목숨이 위태로운 순간~

어린 시절, 잠부나무 아래에서 했던 참선이 떠올랐다.
그래. 그때는 지금과 달랐어.

지금처럼 온몸이 불타고 갈기갈기 찢어지는 듯한 느낌은 아니었어.

고행고행고행

이토록 극심한 고행으로 무엇을 깨달았단 말인가?
無

고행을 멈추다

싯다르타는 한걸음 한걸음 혼신의 힘을 다해 마을로 내려가 수자타라는 소녀가 주는 우유죽을 맛있게 먹었다. 고맙다는 말을 전한 후 강가로 내려가 깨끗이 몸을 씻었다. 소문을 들은 고행자들이 싯다르타를 실패자라며 비난했다.

—누구나 내 결정을 비난할 수 있다. 그러나 내가 그 비난에 흔들리는 일은 없을 것이다.—

어떠한 비난에도 흔들리지 않은 싯다르타는 조용히 보리수나무 아래에 앉았다.

싯다르타는 정신을 차린 후
고행을 멈추었다.
그만!
고행
거참! 조금만
더 해 봐!

이건 분명히 아니다.
어린 시절 잠부나무 아래의
그 느낌이 깨달음의
한 편린이 아닐까?
맞아. 그 느낌이야!
그때의 잔잔한 기쁨이 분명해!

옷을 챙겨 입고 마을로 향했다.
기운을
차리려면 뭘
먹어야지.
비틀
비틀

걷는 것 조차도
힘이 드시나보다.
비틀
비틀

수자타라는 소녀가 우유죽을
만들어 공양했다.
이것을 드시고
기운을 차리세요.
고맙소.

아~ 맛있다.
부드러운
이 맛~

우유죽을 먹고 난 후 네란자라
강에서 몸을 깨끗이 씻었다.

긴 머리카락과 수염도 잘랐다.

그 순간
싯다르타, 제 정신이
아니군!

고행을 심하게 하다가
미친 거야!
그렇지 않고서는
저렇게 타락할
수는 없어!

나는 고행을 멈췄다. 그리고
아주 맑은 제정신이다.
멘붕이다!
이런~ 황당한
경우가 다 있나!
있을 수 없는 일이야!

당신한테
정말 실망
했다.
딴 사람은
몰라도 당신은
이러면 안 되지!
그만하고
고행하러
가자. 여기서
시간 낭비 하지
말자고.

싯다르타는 조용히 그들이 떠나
는 것을 바라볼 뿐 더 이상의 말을
하지 않았다.

기운을 차리고 보리수나무
아래에 앉았다.

마라의 훼방

'마라여, 당신의 군대는 욕망, 혐오, 기갈, 갈애, 나태, 공포, 의혹, 위선, 고집이고, 당신의 무기는 오만과 경멸이다. 네가 얻었다는 명예, 명성, 존경은 거짓된 것이다. 불안, 공포, 적개심, 죄책감, 억울함, 분노 등 모든 감정을 나에게 퍼부어도 나는 비굴하게 무릎을 꿇지 않겠다. 용맹하게 싸우다 죽는 것을 택하겠다.' 한 점 욕망과 거짓이 없이 깨끗한 싯다르타의 마음을 보자 마라는 당황했다.

뼈와 살이 말라붙고 사라져도 깨닫기 전에는 일어나지 않으리라.

쯧쯧, 생고생을 하시는군요. 당신이 원하는 깨달음은 어디에도 없으니 괜한 고생하지 마시고 일어나세요.
삐

나의 모든 것을 바칠 뿐, 설사 죽음이 찾아와도 나는 나의 길을 갈 것입니다.

아이참, 답답하시네. 당신이 걱정되어서 하는 말인데….
쿵쿵

천궁에 돌아온 마라는 광분했다.
크아아앙

마라의 고함 소리에 다들 놀랐다.
무슨 일이세요?
멍

저기 보리수 나무 아래 싯다르타라는 사람이 깨달음의 경지에 이르려 한다. 반드시 막아야 해!

저희들이 가서 싹 처리하고 오겠습니다.

무식하기는! 그게 무슨 짓이에요!

저희들에게 맡겨주세요. 저런 애송이쯤이야 한 번에 녹여버리겠습니다.
크크크 좋다! 너희를 보면 동하겠지.

수행자여, 이제 그만하세요. 세상의 봄날은 매년 오지만 우리네 봄날, 청춘은 한번뿐이잖아요.

이렇게 아름다운 젊음을 다 흘려보내고 나중에 후회해봐야 소용없지요.

우리의 아름다운 몸을 보아요. 살냄새를 맡고, 감촉을 느껴 보아요.

육체의 쾌락에는 그 못지않은, 아니 더 큰 고통과 고뇌가 따릅니다. 저는 오래전에 그것을 버렸습니다. 하늘에 부는 바람처럼 자유로운 마음을 한낱 욕정이 잡을 수는 없지요.

으아아악! 우리의 유혹에 넘어가지 않다니 있을 수 없는 일이다!
쭈글
쭈글

폭력을 자비로 승화시키다

싯다르타는 겁먹거나 놀라거나 두려워하지 않고 거대한 산처럼 앉아서 그 어떤 미동도 하지 않았다.

-당신은 과거 어느 생에 큰 복덕을 지어 그 자리에 있지만 악덕으로 복덕을 모두 소멸시켰으니 지옥불만이 앞길을 밝힐 것이다.-

-싯다르타여, 당신을 신으로 대접해줄 테니 천상세계로 올라오너라. 나와 함께 천상의 기쁨을 함께 누려봄이 어떠한가?-

마라는 자신이 할 수 있는 모든 역량을 쏟아부었지만 무용지물이 되자 야비한 눈빛으로 싯다르타를 유혹했다.

분하다! 분해!!
웬만하면 무력을 쓰지 않으려 했는데 힘으로 굴복시켜 주마!

싯다르타는 자비와 연민의 마음으로 바라보았다.

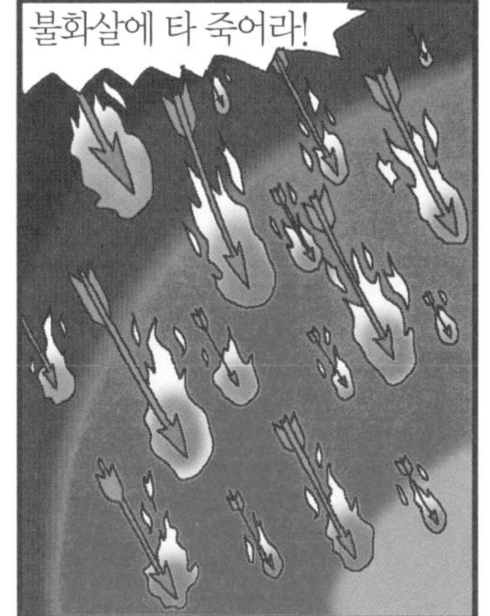
불화살에 타 죽어라!

꽃향기 가득하고~

바윗덩어리에 깔려 죽어라!

꽃잎이 날린다~

폭력과 공포는 싯다르타의 청정한 마음에 모두 사라졌다.

모든 괴물들은 싯다르타 앞에 무릎을 꿇었다.

아연실색한 마라.

이얍! 내가 없애 주마!

얍

우아악! 이럴 수가!
스르르륵

좋소. 당신이 이겼다. 내 자리를 당신에게 승계하겠소! 이제야 만족하시오?

당신은 한 번의 공덕으로 욕망의 세계에서 지배자가 되었다. 나는 수많은 생애에 걸쳐서 공덕을 베풀었다. 이제 나는 부처가 되리라!

크크크. 그대의 말처럼 나의 공덕은 증명되었소. 그러나 당신의 공덕은 누가 증명할 수 있단 말이오?
뜨끔
걸렸어!

깨달음

마라는 겁에 질려 '그렇다면 너의 공덕을 알고 증언할 수 있는 자가 누구냐?'며 고함쳤다. 그러자 대지의 신이 나서 싯다르타의 공덕을 증언해주었다. 마라는 모든 것을 포기하고 사라졌다. 인간이 버틸 수 없는 극심한 감정의 소용돌이를 이겨 내자 차례차례 지혜의 광명이 열렸고 아침이 오자 드디어 부처님이 되셨다. 이 땅에 오신 지 35년, 출가하신 지 6년 만인 기원전 589년 12월 8일에 신의 경지를 뛰어넘어 그 누구와도 견줄 수 없는 가장 높고 바른 진리를 성취하셨다.

대지여! 그대의 평등함으로 증인이 되어다오!

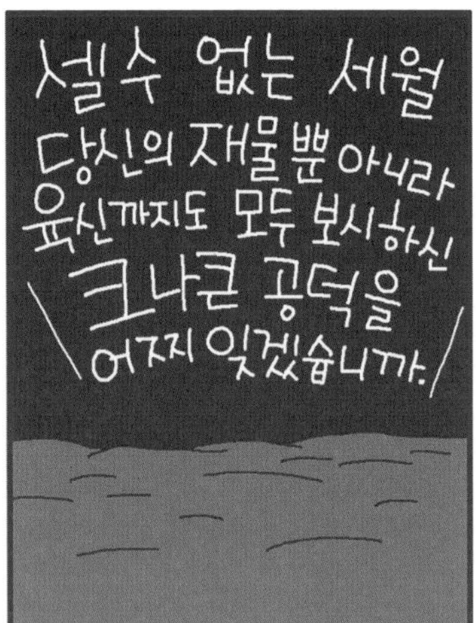
셀수 없는 세월 당신의 재물뿐 아니라 육신까지도 모두 보시하신 크나큰 공덕을 어찌 잊겠습니까.

마라는 들거라! 더이상 훼방 하지 말고 지금 당장 사라져라.
에고고고

이제 고통과 번뇌의 일부가 사라졌다.

진리의 깨달음! 그 깃발을 드높이 세울 일만 남았다.

진리

제1선정 : 욕망, 악한 생각이 사라지고 성스러운 초월의 상태.

욕망
악한 생각

제2선정 : 초월로 인하여 잡념은 가라앉고 기쁨과 환희심이 떠오른 상태.

환희심
마음
잡념

제3선정 : 이 기분을 집착하지도 막으려 하지도 않고 당당하게 바라보는 상태.

나랑 계속 있고 싶지~
당당
나왔어! 좋지~
당당
환희심
환희심

제4선정 : 희로애락에 흔들리지 않는 완전히 편안한 상태.

희
로
애
락

그 순간 수많은 시간 동안 쌓인 어리석음과 업장이 벗겨지고 청청한 마음이 드러났다.

천안통 : 육체가 느끼는 한정된 눈으로 보는 것을 벗어나 마음의 바른 눈으로 보기 시작하고,

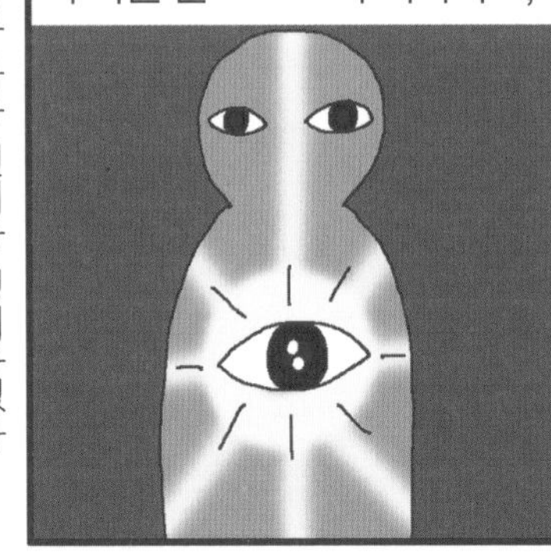

숙명통 : 과거를 꿰뚫어 볼 수 있는 경지에 이르며,

원인과 조건이 만나 인연이 되고 그것이 업이 되는구나.

누진통 : 번뇌가 모두 사라지고 지혜의 문이 열린다.

뿅
뿅
뿅
지혜

새벽녘에 이르자 자신뿐 아니라 다른 사람들도 고·집·멸·도로 십이연기를 끊을 수 있음을 알았다.

나도 된다!
고
집
멸
도
뚝

이제 어둠과 어리석음의 세계는 사라지고, 고통과 고뇌의 수레바퀴에 말려들지 않는 여래의 세계가 열렸다!

최초의 설법

붓다가 되자 신들이 나타나 힘들게 얻은 진리로 중생들을 구원해 달라며 애원했다. 그러자 붓다는 세상을 바라보며 일렀다.

−중생 중에는 내 말을 이해하는 자도 이해 못 하는 자도 있을 수 있다. 각양각색의 중생들 중에 딱 한 명의 중생이라도 진리를 증득할 수 있다면 크나큰 복덕이 아니겠는가. 나 이제 깨달음의 등불을 켜고 감로수를 뿌리니 중생들이여, 진리의 맛을 느껴 보라!−

이제 진리를 이해할 수 있는 사람들을 찾아보자! 어딘가 있을 거야.

맞아! 알라라깔라마, 웃다까라마뿟따는 나의 진리를 공유할 수 있을 거야.

그들을 찾으려 했으나 자신이 깨닫기 전에 죽었다는 것을 알았다.

참으로 안타깝구나. 그렇다면 다섯 수행자에게 진리를 설해야겠다.

그들이 있는 녹야원으로 가자.

길을 가던 도중에 우빠까라는 수행자를 만나게 되는데….
오~ 당신은 배광이 비치는 듯 밝은 모습을 하고 있소~

누구에게 어떤 법을 배웠기에 그토록 환히 빛나는 것이오?
나는 스승이 없습니다. 모든 속박을 스스로 벗어난 뒤 깨달았습니다.

아~ 그래요. 그럴지도 모르지~
쾅
고정관념
훌륭한 스승도 없이 혼자 깨닫다니 이해할 수가 없군.

우빠까는 진리를 눈앞에서 놓치고 길을 가고 만다.
그럼 잘 가시오.
….

다시 길을 떠나 다섯 수행자가 있는 녹야원에 도착했다.
오잉! 싯다르타다!

모두들 모르는 척해.
맞아. 상대하지 말자. 절대로!
타락한 인간이랑 어울리지 말자.
신성한 고행을 포기한 인간이야.
그래~ 그래~

어…? 그런데 이 느낌은 뭐지?!

붓다의 맑고 청정한 모습에 놀란 다섯 수행자는 어쩔 줄 몰라 했다.
그래도 그러는 게 아니지.
맞아!
안절부절

다들 오랫만이다.
어서 오세요. 여기까지 오느라 힘들었지요.
싯다르타, 여기 앉으세요.

그대들은 붓다에게 싯다르타라고 불러서는 안 된다.
에~?

중도의 길

다섯 제자를 얻은 붓다는 그들에게 중도의 길을 알려주었다. 그중 꼰단냐는 가장 먼저 깨달음을 얻었다. 그는 붓다께 처음으로 구족계를 받고 비구가 되었고, 붓다는 자신이 깨달은 진리를 첫 번째로 증명하게 되었다. 얼마 후 네 제자는 모두 붓다의 설법으로 진리를 깨닫고 아라한이 되었다. 드디어 불교의 기본인 삼보가 완성된 것이다. 붓다의 진리가 불보이며 가르침이 법보, 다섯 제자가 승보가 되었다.

당신이 끔찍한 고행을 했었다는 것을 우리는 알고 있지요. 하지만 깨달음을 얻기 전에 음식을 탐하며 타락해 버렸지요.
맞아! 맞아!

수행자들이여. 그대들은 잘못 알고 있다. 나는 욕망에 빠지지도 타락하지도 않았다.

그대들은 내가 단 한 번이라도 허튼소리를 하는 것을 보았는가?!

그대들은 나를 신뢰하지 못하느냐? 깨달음을 의심하는 것이냐?
우리는 당신을 신뢰합니다.

하지만 고행이 깨달음의 길이라고 믿는 우리가 이해할 수 있도록 말씀해주십시오.

고행도 어찌 보면 쾌락 못지않은 깨달음의 걸림돌이 될 수 있다. 수행자들은 잘 들어라.

너희가 나의 가르침을 따른다면 깨달음을 얻을 수 있을 것이다.

우리들 인생은 고(苦)이다. 태어나고, 늙고, 병들고, 죽는 괴로움,
생
로
병
사

사랑하는 사람과 헤어지는 괴로움, 싫은 사람과 함께 하는 괴로움, 원하는 것을 얻지 못하는 괴로움 등 수많은 괴로움에 시달리고 있다.
안녕 내사랑
저걸 그냥!
너무 너무 갖고 싶다!
혈기왕성한데 능력없어서, 돈도 없고 애인도 없다. 미쳐버리겠다!

어찌 보면 염세적이고 비관적이라고 할 수 있으나 이는 괴로움 자체에 머물며 극단의 삶을 살고 있을 때 그렇다. 따라서 중도의 길을 깨닫고 제대로 된 삶, 깨어 있는 삶을 살자는 것이다.
염세
비관
괴로움
뻥
죽고 싶어! 너무 괴로워!
괴로움에서 벗어나리라!

나는 왕자였던 시절 온갖 쾌락과 욕망 속에 마음껏 빠져서 살았다.

그런다고 괴로움이 사라지지 않았고,
음냐음냐

출가하여 지독한 고행을 하며 몸과 마음을 극단으로 몰고 갔지만

쾌락과 고행의 양극단을 경험했을 뿐, 마찬가지였다.
쾌락
고행

그러나 중도의 길을 깨달은 후, 나는 이 길이야말로 진리의 길임을 알게 되었다.
괴로움도 기쁨도 나에게 아무런 영향을 줄 수 없다.
극단
중도
극단

팔정도

붓다의 설법은 밤낮으로 계속되었다. 사성제, 팔정도, 무아를 차례차례로 설법하였다. 세상에 영원한 것은 없다. 존재하는 모든 것은 사라진다. 존재하는 것이 영원불멸한 '나'라면 이 '나'는 죽지도 병들지도 않고 마음대로 살 수 있어야 한다. 하지만 소멸한다는 것은 곧 이런 무상한 존재인 '나'는 없다는 말이다. 지수화풍이 인연되어 나타난 것이 지금 여기 있는 것이기에 집착할 이유가 없다.

중도란 무엇인가? 그 길을 가려면 '나'라는 것에 집착해서는 안 된다.
나만 생각할 거야!
업식
나
편견

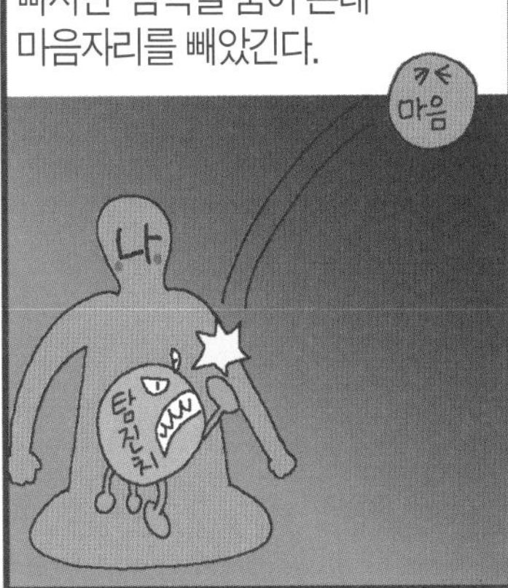
탐, 진, 치(탐욕, 화냄, 어리석음)에 빠지면 삼독을 품어 본래 마음자리를 빼앗긴다.
마음
나
탐진치

이런 '나'는 화나는 일이 생기면 즉각 반응한다. 결국 곤란한 일을 만들거나
야, 이 X새끼야!
퍼억

꾹 참아서 속병을 만든다.
참자! 참아!
부들
부들

둘 다 극단에 치우친 행동이다.
분노 폭발
분노 억제

중도를 깨달으면 화가 나는 것을 참지 않고, 원하는 바를 바라지 않고, 얼굴이 뜨거워지고, 가슴이 두근거리는 것이 사라질 때까지 지켜본다.

그러다 보면 탐, 진, 치에 빼앗겼던 마음자리를 되찾게 되고 안정된 마음으로 상대와 이야기 한다면 서로 좋은 결과를 얻을 수 있다.
이해
이해
가는 배려
오는 배려

부처님! 분노가 치밀 때에 눈앞에 보이는 게 없는데, 어찌 그것을 알아차릴 수 있을까요?

처음에는 어려울 것이다. 하지만 수행으로 생각하고 깨어나려, 알아차리려 노력한다면 가능한 일이다.

어떤 여자가 자신이 원하는 몸매를 가지거나 어떤 남자가 원하는 근육을 가지기 위해서는 많은 인고의 시간이 필요하다.
王

하물며 보이지도 않는 마음을 자기가 원하는 대로 움직이게 하려면 노력 없이 단박에 되겠느냐?
네~ 그렇군요.

이렇게 '나'의 집착과 탐, 진, 치를 버리고 팔정도의 길을 간다.

1. 정견(正見) : 올바르게 본다.

正
正

2. 정사(正思) : 올바르게 생각한다.

正

3. 정언(正言) : 올바르게 말한다.

正

4. 정업(正業) : 올바르게 행동한다.

正

5. 정명(正命) : 올바르게 생활한다.

正

6. 정정진(正精進) : 올바르게 노력한다.

正

7. 정념(正念) : 올바른 일에 신경 쓴다.

8. 정정(正定) : 올바른 명상을 한다.

正
正

이렇게 팔정도를 행하면 모든 괴로움에서 벗어날 수 있다.

야사의 출가

붓다께 출가한 이들의 최고의 목적은 오직 해탈열반의 경지에 올라 부처님처럼 되는 것이요, 재가 신자들은 복덕을 지어 업을 소멸시키고 극락에 태어나는 것이다. 붓다를 믿는 중생들이 늘어나자 그들의 모임인 상가(교단)도 번성하게 되었다. 붓다는 출가하지 않고 세속에 살아도 사성제, 팔정도, 무아사상만 지키고 실천하면 어느 누구라도 붓다가 될 수 있다고 설하셨다.

부처님의 설법에 다섯 제자(꼰단냐, 왑빠, 밧디야, 마하나마, 앗사지)는 깨달음을 얻고, 비구가 되었다.

어느 날 아침, 조용히 걷던 부처님~

으아아악 지긋지긋하다.
싫다! 전부 싫어!
괴로워서 미칠 것 같다!

여기는 괴로움도 지긋지긋함도 없는 곳이라네. 무엇 때문에 그러는가? 말해 보게나.

저는 야사라고 하는데, 부유한 아버지 덕에 호의호식하며 살았습니다. 친구들과 술을 마시고 기녀들과 쾌락을 즐겼지요.
실컷 즐겨라!
재
력

그러던 오늘, 새벽 일어나 기녀들과 뒤엉켜 있는 저를 발견했습니다.
으~머리야

주위에 있는 기녀들은 마치 시체처럼 더러운 냄새를 풍기며 취해 자고 있었습니다.
토사물 냄새가 역겹다.

이런 생활을 즐기고 있었다니, 내 자신이 지긋지긋하고 싫었습니다.

내가 그대를 위해 설법을 해주겠다.

야사는 부처님의 설법을 듣고 깨달음을 얻어 여섯 번째 제자가 되었다.

얼마 후 비구가 되었다는 아들의 소식을 듣고 아버지 구리가는 야사의 마음을 돌리려 했다.
마음을 돌리기는 틀린 것 같다. 물 만난 고기처럼 맑구나.

그러나 구리가 역시 부처님의 설법을 듣고 아내와 함께 귀의해 최초의 신자가 되었다.
부처님께 귀의합니다.

와라나시의 모든 사람들에게 부처님과 야사의 이야기가 퍼졌다.
야사가 비구가 되었다고!? 그걸 믿을 것 같냐!
부처님에게 귀의했다고 하는데 그분이 누구실까?
한 나라의 왕보다 더 호사스럽게 살던 야사가 왜 그랬을까?

야사의 친구 네 명은 그 길로 부처님을 만났다. 부처님의 깊은 가르침에 모두 깨우치고 비구가 되었다.

그 후에도 야사의 친구 50명이 찾아와 모두 부처님의 말씀에 깊이 깨닫고 비구가 되었다.

깟사빠의 귀의

하지만 깟사빠 형제 역시 붓다를 만난 후 크게 감동하여 붓다의 제자가 된다.
-붓다가 우리 신도들을 모두 자신의 신도로 만들고 있어. 어떻게 해서든 우리 신도들을 지켜야만 해.-
특히 붓다가 오기 전까지만 해도 빔비사라왕의 신임 아래 가장 번창했던 불을 믿는 외도의 깟사빠 형제는 더욱 긴장하게 된다.
수많은 중생들이 붓다의 설법에 깊이 깨닫고 귀의하는 동안 그전에 중생이 믿어 왔던 외도들은 절망을 하게 된다

이제 너희들은 깨달았다. 그러니 중생을 위해 불법을 전하여라.

무소의 뿔처럼 각자가 뜻하는 곳으로 불법을 전하기 위해 떠났다.
佛

붓다는 우루웰라로 향했다.
그런데 그 순간!
쌩

방금 이 근처를 지나는 여자를 보셨습니까?
여자를 왜 찾습니까?
29명은 아내와 왔고, 1명만 아내가 없어 기녀를 데리고 왔습니다.

그런데 즐기는 것에 정신이 팔려서 기녀가 우리의 귀중품을 몽땅 들고 도망가는 것을 모르고 있었습니다. 빨리 잡아야 하니 가르쳐 주십시오.

당신들은 귀중품과 당신 중 어느 것이 더 중요한가요?
당연히 나 자신이지요.
그렇다면 기녀를 잡겠다는 생각을 멈추고 그대 자신을 찾아보는 것이 어떻겠습니까?

방금까지 재물을 잃은 것에 분노하고 흥분해 있던 사람들은 붓다의 법문을 듣고 모두 제자가 되었다.

붓다께 귀의하겠습니다.

다시 길을 떠나 우루웰라의 깟사빠를 만났다.
하룻밤 묵고 갈 수 있을까요?
모든 방이 찼고 사당이 있는데 그곳에는 큰 독룡이 있어 위험합니다.
그곳도 좋습니다.
그럼 거기서 묵으시지요.

다음 날
캬오
독룡이 혹시 …
헉

붓다의 신통력에 긴장한 깟사빠
오늘은 큰 제사가 있는데 붓다가 오시면 내가 꿀려 보일 거야. 제발 오지 마라.
안절부절~

다음 날
어제는 제사 음식도 많았는데 왜 안오셨나요?
제가 오는 것을 원치 않으셔서 안 왔습니다.
허걱, 어떻게 알았지?

며칠 후
비가 많이 와서 붓다의 처소가 물에 잠겼다.
여보시오 사문! 어디 있소!
물에 빠져 죽었나 봐~

여기 있습니다. 그쪽으로 가겠습니다.
헉! 물 위로 걸어온다.

당신은 아직 깨닫지 못한 사람입니다.
네, 맞습니다. 저는 깨달은 척하고 있었습니다. 당신을 스승으로 모시고 싶습니다.

깟사빠 형제와 그들의 제자들은 모두 붓다의 제자가 되었다.

불타고 있다

-온 세상이 불타고 있다. 우리가 욕망에 눈 멀어 있는 한 이 불길은 우리를 집어삼켜 버릴 것이다. 그러므로 우리는 팔정도, 사성제, 무아사상으로 그 불을 끄고 열기를 식혀야만 진리의 세계를 볼 수 있다.- 이 설법은 갓 귀의한 깟사빠 형제들이 믿어 왔던 불을 적절히 비유하여 그들이 집착을 버릴 수 있도록 하였고, 다른 제자들에게는 강렬한 불의 이미지로 큰 가르침이 되었다.

마가다국의 가장 큰 교단이 부처님께 귀의하자 모든 사람들이 놀라워했다.
정말이야?!
대단하다.
한번 뵙고 싶다.
붓다는 누굴까?

부처님은 마가다국 수도 라자가하로 천여 명의 제자들과 함께 출발했다.

가는 길에 가야산 정상을 지나게 되었다.

모든 것이 불타고 있다.
무슨 뜻이 옵니까?

감각적인 것들에 불타고 있다.

너희가 넣는 연료를 먹이 삼아 불을 뿜고 있다.
집착
욕망

색
모양
좋음
나쁨
분별
접촉

탐욕의 불
분노의 불
어리석음의 불

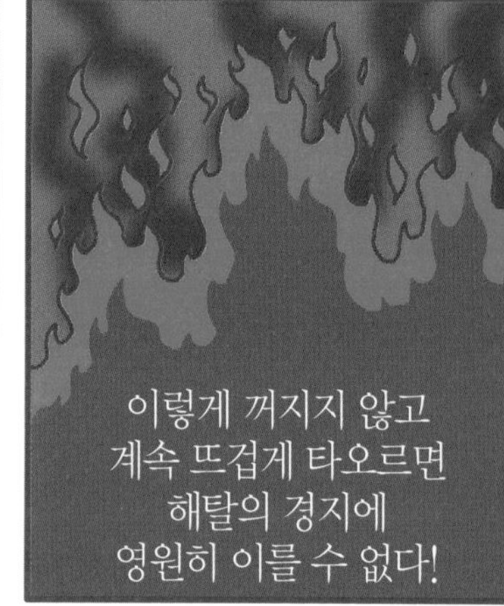
이렇게 꺼지지 않고 계속 뜨겁게 타오르면 해탈의 경지에 영원히 이를 수 없다!

슬픔
질병
걱정
죄책감
불안
억울
고통
고뇌
늙음
욕정

불이 꺼진 상태가 되어야 한다.
냉~철
불은 꺼졌고 열기는 식었다.

이렇게 된다면 해탈의 경지에 이를 수 있다.
해탈

너희가 지금껏 믿었던 불에 연료 넣기를 중단하고 마음을 냉철히 유지하며 정진해 나아가야 할 것이다.

제자들은 그동안 자신들의 무지함을 깨닫고 부처님의 말씀을 가슴속에 새겼다.

빔비사라왕과 재회

드디어 붓다는 빔비사라왕과 재회를 하게 된다. 왕은 사람들과 함께 붓다를 만났다. 그러나 그곳에는 예전부터 모든 이에게 존경을 받던 붓다의 제자 깟사빠 형제들이 있었다. 사람들이 왜 붓다의 제자가 되었는지 묻자 그는 말했다.

—좋은 것만 보고, 좋은 소리만 듣고, 좋은 맛과 향기로운 것을 칭송했지만 붓다께서는 그런 오욕은 몸의 때만도 못하고 열반이야말로 진리 중의 진리라고 가르쳐 주셨습니다. 저는 그 길을 가고 있습니다. 저의 스승님은 오직 붓다뿐입니다.—

부처님께서 라자가하에 계신다고?
네~

깟사빠 형제들이 부처님께 귀의했다고 합니다.
오~ 그래.

빔비사라왕과 신하들은 부처님이 계신 곳으로 갔다.

다시 뵙게 되어 기쁩니다.
저도 기쁩니다.

깟사빠께서도 잘 지내셨지요?
네~

순간 분위기가 어수선해졌다.
누가 스승이고 누가 제자야?
부처님이 스승이라는데 깟사빠가 진짜 스승 같다.
그러게 부처님이 너무 젊어~
웅성
웅성

150살! 마가다국에서 최고로 명성이 있는 깟사빠!
자신이 부처라고 말하는 처음 보는 젊은이!

저는 부처님을 뵙기 전에는 불을 숭배하던 우매한 자였습니다. 그러나 부처님의 법문을 듣고 진리를 깨달았습니다.

부처님께서는 저의 진정한 스승이십니다!
순간 모든 것이 정리되었다.

모든 중생은 탐, 진, 치에 눈이 멀어 있습니다. 이것을 소멸하기 위해
우리는 모두 팔정도를 일상화해야 합니다.

법문이 끝나자
태자 시절 왕이 되어 부처님의 법문을 듣고 제자가 되는 것이 저의 소원이었습니다. 드디어 그 소원을 이루게 되었습니다. 부처님께 귀의합니다.
기쁨
환희
행복

다음 날, 왕궁으로 부처님과 비구들이 초대되었다.
거리가 적당하고 조용해서 수행하기 좋은 죽림을 부처님께 보시하려 합니다.
네, 기쁘게 받겠습니다.

시간이 흐른 어느 날
죽림정사를 완성했습니다. 이곳에서 법을 펼쳐 주십시오.

보시하는 자는 욕심이 사라지고 공덕을 얻으며 마음이 맑아진다.
이를 보고 같이 기뻐하고 함께 하는 것이 그 크기와 가치에 상관없이 열반에 이르는 길이다.

불교 최초의 도량 죽림정사는 이렇게 지어졌다.

사리뿟따와 목갈라나

부처님의 옆에서 불법을 가장 잘 이해하고 중생들에게 깨달음을 전파했던 애제자 사리뿟다와 목갈라나는 초기 교단 형성에 크나큰 영향을 끼친 인물로서 지혜제일의 사리뿟다, 신통제일의 목갈라나로 알려져 있다. 부처님의 법통을 이어받을 제자인 사리뿟다는 희로애락, 탐진치를 초월하여 항상 온화하고 맑은 제자였다. 목갈라나는 놀라운 신통력으로 추진력 강하게 행동하는 제자였고, 이 두 사람은 서로 한 몸처럼 아껴서 우정의 가장 높은 경지에 이르렀다고 한다.

브라만 가문의 두 사람, 사리뿟따와 목갈라나가 고민을 하고 있다.
인생은 뭘까? 아무리 행복해도 한 순간. 모든 것이 허무해.
불행도 한순간인 게 그나마 다행이야.
축

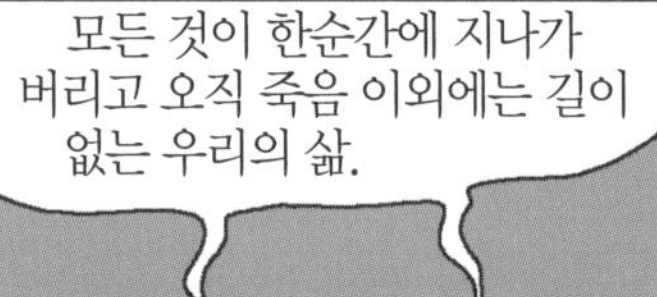
모든 것이 한순간에 지나가 버리고 오직 죽음 이외에는 길이 없는 우리의 삶.

하지만 우리가 모르는 초월법이 있을지 몰라.
맞아! 불사의 길을 알아내자!

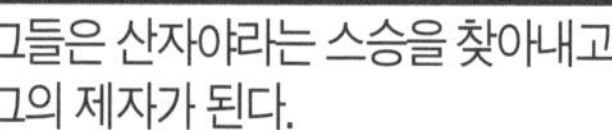
그들은 산자야라는 스승을 찾아내고 그의 제자가 된다.

스승님, 그것이 알고 싶습니다.
음….

그건 말이다. 나불나불~
이건 말이다. 쫑알쫑알~

스승님은 다 아는 말씀만 하시고….
이러다가는 죽도 밥도 안 되겠다.

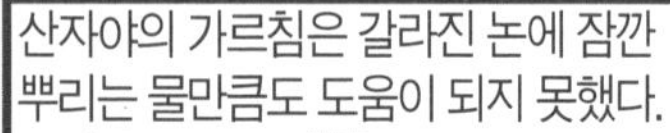
산자야의 가르침은 갈라진 논에 잠깐 뿌리는 물만큼도 도움이 되지 못했다. 그래서~

각자 불사의 길을 알아보고 찾게 되면 서로 꼭 알려 주자.
알았어!

각자 열심히 찾아다녔다.

그러던 어느 날 한 사문을 만나게 된다.

번쩍

사문이시여! 당신은 누구시길래 밝고 편안한 모습이십니까? 저에게도 방법을 가르쳐 주십시오!
부처님의 제자인 앗사지라고합니다. 저도 그분에게 가르침을 받고 있는 중입니다.
제발 그분의 말씀을 제게도 알려주세요.

모든 삶은 원인 따라 생기고 원인 따라 사라진다. 그 모든 원인은 나 자신이 만든다.
앗! 드디어 불사의 길을 찾았다!
감격

그 말을 듣고 사리뿟따는 목갈라나를 찾아갔다.
친구야 찾았다. 스승님도 모시고 가자!
그래! 스승님께서도 기뻐하실 거야!

산자야는 부처님께 가기를 거절했다.
괜한 소리 하지 말고 내 밑에서 수행이나 열심히 하거라!
여기서는 내가 대장인데 자존심이 있지. 거기 가서 고개 숙일 수는 없어!

그러나 수행자 250명은 사리뿟다와 목갈라나를 따라 나섰다.
거기 가면 뭔가 깨달을 줄 아나?! 웃기시네!
250명

부처님께서는 그들을 기쁜 마음으로 받아들였다.
비구들이여. 어서 오게.

마하가섭(마하깟사빠)

부처님이 가장 신뢰했던 두타제일 마하가섭은 청렴결백의 극치를 보여주었고, 인간의 감정을 초월한 선을 행하여 모든 수행승들의 귀감이 되었다. 원리 원칙을 정확히 지키고 말과 행동이 완벽히 일치하는 수행승으로 깨달은 후 나머지 생을 누더기를 걸쳐 입고, 하루 한 끼의 식사와 지붕이 없는 곳에서 잠을 잤다. 부처님 입멸 후 그는 굳건한 지도력으로 위기에 빠진 교단의 동요와 분열을 막아 냈다.

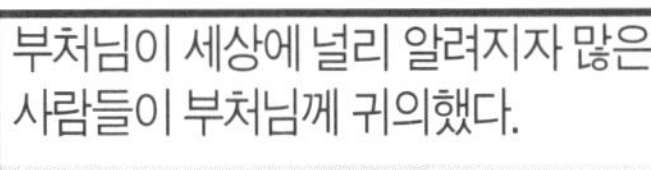
부처님이 세상에 널리 알려지자 많은 사람들이 부처님께 귀의했다.

바글 바글

그러자 여기저기에서 불만이 터져 나왔다.
우리 아들을 데려가면 가문의 대는 누가 이으라고!
날 생과부로 만들 거냐! 우리 남편 돌리도!
우리 아기 아빠를 돌려주세요.

각 계층의 젊은이들이 출가하는 바람에….

일주일 뒤면 불안감이 모두 사라질 것이니 걱정하지 마라~

정말 일주일이 지나자 언제 그런 일이 있었냐는 듯 조용해졌다.
왜? 뭔 일 있어?
아니~

마가다국의 부호인 마하가섭은
돈이 많고 잘 살아도 근심 걱정이 있고, 몸은 편해도 마음은 불편해. 내가 소유한 것이 잘못되지 않을까 불안하기도 하고…. 무엇을 가진다는 건 그만한 대가가 따르는구나.

모두 버리고 수행자가 되고 싶었으나
출가하고 싶습니다. 허락해 주세요.
결혼해서 손자 낳고 잘 살면 그때 허락하던 안 하던 할 것이다.

어쩔 수 없이 결혼을 한다.

불행 중 다행으로 신부 또한 수행을 원하던 여성이었다.
우아~ 이런 우연이!

출가수행에 뜻이 있다는 것을 안 후 두 사람은 털끝 하나 건드리지 않고서도 서로 사이좋게 지냈다.
하하하.
호호호.
어떻게 저럴 수 있지?!

그러다 부모님이 돌아가시자
엉엉 아이고

모든 재산을 하인들에게 나눠주고 자유의 몸으로 풀어주었다.
주인님! 이 은혜를 어떻게 갚지요!
주인님! 이러시면 아니되옵니다.
행복하게 살아라.

이후 마하가섭은 아내와 헤어지고
그동안 행복했었소. 뜻한 바를 이루기 위해 여기서 헤어집시다.
네~ 뜻한 바를 꼭 이루세요.

부처님을 만나게 되어 귀의한다.
나와 함께 일주일간 수행하도록 하자.
네.

고향으로

숫도다나왕이 왕족이면서 걸식을 하는 붓다에게 -왕법에는 걸식이란 없는데 어찌 걸식을 하느냐?-며 화를 내자 붓다가 말했다.

-우리 사문들의 불법에는 걸식만 있습니다. 저는 왕족이 아니라 붓다입니다. 방일하지 말고 항상 선을 닦으세요. 법을 행하는 자, 법을 지키는 자라야 이승이나 저승에서 편안하고 안심된 삶을 누릴 수 있습니다.-

그 말에 숫도다나왕은 정신을 차렸고, 부처님께 절을 하고 귀의하게 된다.

왕자님께서 부처님이 되셔서 만천하에 석가족의 위대함을 알리고 계십니다.
하하. 그럴 줄 알았다. 석가족 최고의 영웅이 되었구나.
싱글벙글

빨리 고향으로 돌아오라고 전하거라.
아이 좋아!
네.

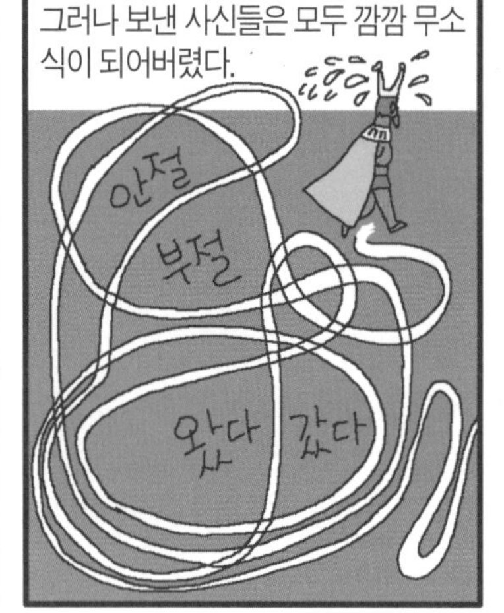
그러나 보낸 사신들은 모두 깜깜 무소식이 되어버렸다.
안절부절
왔다 갔다

아홉 번째 사신도 연락이 안 됩니다.
답답하구나. 도대체 사신들은 무얼 하길래 연락도 없고, 돌아오지도 않는 것이냐?

사신들은 부처님의 법문을 듣는 순간 모든 부귀영화가 한낱 가을 낙엽만도 못한 것을 깨닫고 귀의했다.
분소의 한 벌에 진흙 발우 한 개. 그리고 안심된 마음이
있으니 세상에 부러운 게 없다.

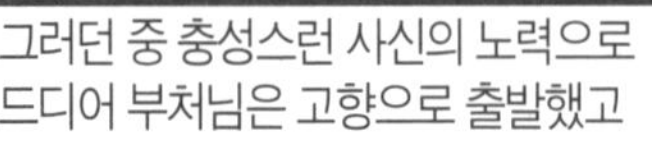
그러던 중 충성스런 사신의 노력으로 드디어 부처님은 고향으로 출발했고

소식을 들은 왕은 기뻐서 어쩔 줄을 몰랐다.
얼씨구 절씨구
너무 좋다

나라는 온통 축제 분위기였다. 그러나….

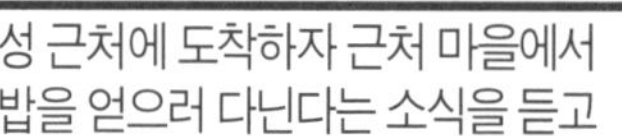
성 근처에 도착하자 근처 마을에서 밥을 얻으러 다닌다는 소식을 듣고

왕과 신하들은 급히 찾아갔다.
설…마.

저건 무슨 거지 떼거리 같아!
그러게. 신발도 안 신고 왕자님 몰골이 쯧….
밥을 이 집 저 집에서 얻어먹고 다니고 있어.
석가족 영웅…? 기가 막히고 코가 막힌다.

무슨 말들이 이리 많으냐?! 예를 갖춰라!
아들아. 이게 얼마 만이냐!
네.

그런데 이게 무슨 짓이냐? 이런 짓은 우리 가문에 먹칠을 하는 것이다. 부탁이니 이런 짓은 하지 말아라!
우리 사문의 법입니다. 모든 부처님께서는 걸식으로 삶을 영위하셨습니다.

그래도 그렇지. 이건 아니잖니. 흑흑흑.
법을 행하는 것은 사문의 전통입니다. 그 법이 지켜질 때 안락해집니다.
~남부끄러워 얼굴을 들 수 없구나!

부처님은 왕에게 왜 그래야만 하는지 차분히 설명했고 왕은 이해했다.
부처님과 비구들을 저희 집에서 공양하고 싶습니다.
네, 그러시지요.

야소다라와 재회

야소다라는 부처님의 두 발이 촉촉이 젖도록 눈물을 흘렸다. 부처님은 아무 말씀도 없이 한참을 있다가 말문을 여셨다.

-나는 전생에 '낀나다'라는 남자였고, 야소다라는 '짠다'라는 여인이었다. 둘은 결혼해 행복하게 살고 있었는데 그 나라 왕이 짠다의 아름다움에 반해 낀나다를 죽이려 했다. 짠다는 왕의 수청을 거부하고 죽어 가는 낀나다를 살려 내었다. 그 후 둘은 행복하게 살았다고 한다. 야소다라는 나를 보살핀 절개 있는 아내였던 적이 이생뿐 아니라 전생에도 있었다.-

깊은 산속에서 혼자 고행을 할 때 깨달았습니다.

좋은 집에 산다고 해서 좋은 삶이라고 할 수 없고
누가 훔쳐 갈까 봐 엄청 불안해.
마음 편하다.

좋은 옷을 입는다고 해서 좋은 몸이 되지 않으며
옷은 명품 몸은 졸품.
단벌이지만 근육질 몸.

좋은 음식을 원없이 먹는다고 모두 건강해지는 것은 아닙니다.
디룩 디룩
담백 소박

게으르게 살지 않고 희로애락에 휘둘리지 않으며 조마조마하게 살지 않는다면 그가 성자입니다.
부지런 부지런
안심
쌩
희로애락
끄떡 안하네…
당당

궁중의 모든 사람들은 감동했다.

식사가 끝나자 부왕을 따라나섰다.
나와 함께 가야 할 곳이 있다.

들어가 보아라.

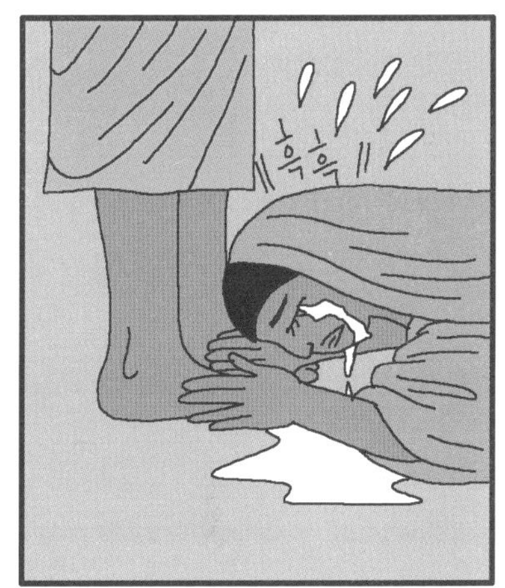
흑흑

야소다라는 붓다의 의식주를 따라했다. 거친 옷을 입고, 바닥에서 잠을 잤으며 항상 붓다를 그리워 했다.
잘 지내고 계시겠지.

얼마 후 배다른 동생 난다의 결혼식 및 왕위 계승식이 열리기 일보 직전.
아! 형님의…. 아니 부처님이 하시는 말씀은 모두가 진리 그 자체야.

난다는 모든 것을 버리고 부처님께 귀의한다.

그리고 자신의 아들 라훌라도 사미로 받아들인다.

붓다의 빈자리를 대신할 난다도, 어린 손자까지도 모두 출가하자 숫도다나왕은 쓰러진다.
그게 사…사실인
비틀
비틀

교단의 발전

석가족의 출가로 인해 교단은 기존의 제자들과 새로운 문화가 형성되었고 다양한 계층의 융합과 소통을 이루게 되었다. 특히 코살라국의 빠세나디왕은 처음에는 자신과 동갑인 붓다를 얕보았다. 자신의 보호 아래 있는 국가의 왕자였던 데다가 스스로 자신은 깨달은 자라고 떠들고 다니는 모습이 잘난 체하는 것으로 비춰진 것이다. 그러나 붓다와 만난 뒤 큰 실례를 범한 것을 알고 참회하고 귀의하게 된다. 부처님은 마가다국, 코살라국 등 여러 나라의 존경과 찬사를 함께 받게 된다.

아누룻다, 밧디야, 데와닷따, 아난다, 비구, 낌빌라, 우빠난다 등 왕족들이 부처님을 향해 가고 있다.
가자!

가는 도중 시종 우빨리는 출가하려는 왕족들의 머리를 깎아 주었다.
우빨리야. 우리의 장신구를 가져가면 평생 돈 걱정없이 살 수 있을 것이다.

잘 살아라~

잠시 후
아니, 왜 쫓아오느냐?
잠시만요!
헉
헉

저 혼자서 값진 장신구를 가지고 간다면 석가족들이 의심할 것입니다.

왕족들을 다 죽이고 가져왔지?!

아니에요, 믿어주세요.

그럴수도 있겠네

평생 부귀영화를 누릴 수 있는 분들이 출가를 하는데 저 같은 놈이 뭐가 있다고 고향으로 가겠습니까. 저도 비구가 되겠습니다!

이렇게 해서 우빨리도 왕족들과 함께 부처님을 뵈었다.
지금까지 우리를 시중들었던 우빨리를 먼저 비구로 받아주시어 저희들이 받들게 해주십시오.

그래. 계를 먼저 받은 자에게 예를 갖출 뿐, 신분의 차별, 귀천은 없다. '나'라는 것은 지, 수, 화, 풍 사대가 인연으로 잠시 모인 것이다. '나'라고 할 수 있는 것은 없다.

우리 모두는 '무아'인 것이다. 하지만 나를 고집하는 순간 아집 덩어리가 되어 버린다. 그것으로는 진정한 깨달음을 얻을 수 없다.
네~ 명심하겠습니다!

이들은 열심히 수행정진했다. 그러던 어느 날.

아! 좋다!

너무 행복하다!

밧디야야, 너의 얼굴에 행복이 가득하구나.
네~ 높은 성벽과 칼로 무장한 병사들이 겹겹이 저를 보호해도 불안해서 잠을 설쳤습니다.

그러나 지금은 어두운 밤 깊은 숲 속에서도 두려움 없이 편히 잠을 잘 잘 수 있어 행복합니다.
그래~ 그 기쁨을 나도 알고 있다.

하지만 모두가 밧디야 같지만 않았다. 안온하고 곱게 자란 아누룻다는 나태해서 손가락 하나 까딱하지 않고,
발가락은 까딱거릴 수 있거덩!
까닥
까닥

법문을 졸면서 듣다가 부처님께 꾸중을 들은 후 깊게 깨닫고 극심한 정진으로 시력을 잃었다. 그러나 인간의 눈을 잃었지만 천상의 눈으로 보게 되어 열반을 증득하게 된다.
天

우빨리는 계율을 잘 지키기로 정평이 났다. 계율로 인한 소란이 생길 시 바른 판단을 해서 지계제일이라는 평을 얻었다.
그건 이렇게 해야 계율에 맞다.
네~

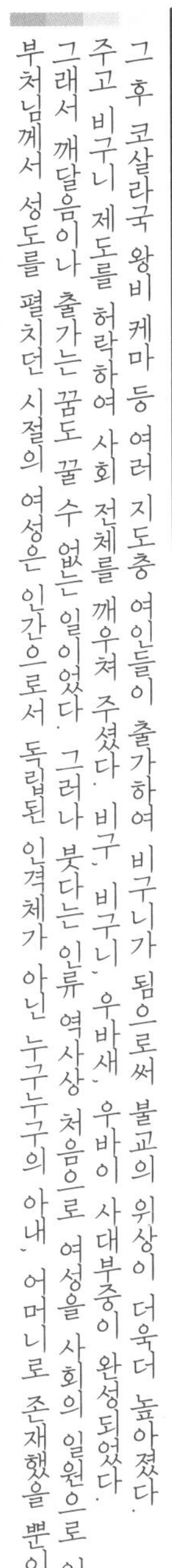

여성의 출가

부처님께서 성도를 펼치던 시절의 여성은 인간으로서 독립된 인격체가 아닌 누구누구의 아내, 어머니로 존재했을 뿐이다. 그래서 깨달음이나 출가는 꿈도 꿀 수 없는 일이었다. 그러나 붓다는 인류 역사상 처음으로 여성을 사회의 일원으로 인정해 주고 비구니 제도를 허락하여 사회 전체를 깨우쳐 주셨다. 비구, 비구니, 우바새, 우바이 사대부중이 완성되었다. 그 후 코살라국 왕비 케마 등 여러 지도층 여인들이 출가하여 비구니가 됨으로써 불교의 위상이 더욱더 높아졌다.

부처님을 가까이 모시는 시자를 맡았던 아난다는
부처님, 필요한 것이 있으세요?
수행비서 겸 시중.
없으니 쉬어라. 오늘도 수고했다.

매일 부처님 곁에서 좋은 설법을 듣다보니 훌륭한 인품에 물들어 갔다.
열심히 수행해서 부처님처럼 되리라.
생명보다 소중한 것은 없느니라~

그러던 어느 날
죽음이 다가옵니다. 저는 평생을 아집 속에 살았습니다. 제가 아는 것이 최고의 진리인 양 남에게 강요하며 살았지요.

이제야 나의 진리와 남의 진리가 똑같이 소중함을 알았습니다. 살아 있는 모든 것들이 행복하기를 바라는 마음이 생겼고, 저 또한 행복합니다.

숫도다나왕은 조용히 숨을 거두었다.
아이고
우아앙
앙
엉엉엉

숫도다나왕의 장례가 끝난 후, 부처님의 이모이자 양모셨던 마하빠자빠띠가 궁중의 여성들과 함께 찾아왔다.
부왕께서 돌아가셨으니 저와 여성들은 출가하겠습니다.

저희들도 출가할 수 있도록 해 주십시오.
그건 안 됩니다.

제발 허락해 주십시오!
그럴 수는 없습니다.

부처님은 웨살리로 떠났다. 마하빠자빠띠와 여성들은 머리를 깎고 승복을 입고 부처님을 따라갔다.

여성으로서는 감당하기 힘겨운 고행 길이었다. 발바닥은 피범벅이 되었고, 온몸은 상처투성이가 되었다.

여러 날을 거쳐 부처님이 계시는 곳에 도착했다. 이 광경을 본 아난다는 부처님께 달려갔다.
마하빠자빠띠 님!

부처님! 여성들은 깨달을 수 없습니까? 여성은 남성보다 하등한 존재입니까?

그렇지 않다! 불성에는 남녀차별이 없다. 여성과 남성은 평등하다.
그렇다면 마하빠자빠띠와 여성들의 출가를 허락해 주십시오.

그 당시 시대 상으로는 있을 수 없는 일이었으나 부처님은 허락하셨다.
이 먼 곳까지 고생을 하시며 오신 것을 보면 불성을 깨우치시겠다는 뜻은 굳게 가지셨구나.
부처님 고맙습니다!

뒤를 이어 부처님의 아내였던 야소다라, 마하가섭의 아내였던 밧다까삘라니 등도 출가를 하였다.

모함

부처님을 모함하려는 세력은 순다리라는 여인을 밤마다 부처님 거처 근처에 보내 기웃거리게 한 후 아침이 되어서 돌아오게 했다. 그러던 어느 날 부처님과 동침했다는 헛소문을 낸 후 외도들은 그녀를 죽여 부처님 근처에 버려 두었다. 사건이 나자 혹시 부처님이 그런 짓을 했을지도 모른다는 의심에 많은 이들이 떠났으나 부처님은 미동도 하지 않으셨다. 얼마 뒤 순다리를 죽였던 외도들끼리 싸우다 전말이 드러나고 말았다. 그 후 부처님에 대한 명망과 신뢰는 더욱더 깊어지게 되었다.

부처님의 설법이 인도 전역으로 퍼져나가자 수많은 신도들이 구름처럼 모였다.
와글
와글

그 안에는 왕부터 귀족, 상인 등 여러 계층의 사람들이 모였다.

그리고 그 속에서 많은 비구와 비구니들이 불교 교단에 들어왔다.

부처님과 그 제자들의 청정하고 사려깊은 행동과 설법은 불교 교단의 명성을 드높였다.
명성

그러나 주위의 외도들에게는 큰 타격이 되었다. 불교의 위상이 높아지자 자신들의 영역이 좁아졌다.
큰일이야.
이걸 어쩌지?
끙

부처님의 명예에 먹칠을 할 수 있는 방법을 구상하던 중 외도를 믿는 아름답고 젊은 소녀 찐짜가 말했다.
저한테 아주 좋은 생각이 있어요.

외도들은 찐짜의 말을 듣고 기뻐서 어찌할 줄 몰랐다.
오! 네가 우리를 살렸다.
대단한 생각이야! 앗싸~
얼굴 이뻐게 머리까지 좋아

그 후 찐짜는 화려하게 치장을 하고 기원정사를 들락날락했다.

눈길을 끄는 그녀를 보고 주위 사람들이 이말 저말 물으면 신경질적인 반응을 보였다.
당신 일이나 신경 써!
늦은 밤에 들어가 새벽에 나오니 궁금해서 그러지~

그러다 보니 많은 사람들이 그녀의 존재를 알게 되었다. 그러던 어느 날,
이쁜 찐짜가 지나간다.
찐짜 이쁘다.
오~ 찐짜!
찐짜 진짜 예쁘다.
매일 밤 어디서 자고 오는 길이야?
사실 오래 전부터 부처님과 동침해 왔어요.
찐짜 사랑해~

허걱! 지금 그걸 말이라고 해?!
이 배를 보면 몰라?! 난 부처님의 아이를 가진 여자라고!!!

그, 그런 소릴랑 하지 마!
아이고 사람을 못 믿네!
정… 정말 그분의 아기를!!
휘청

당신과 나만이 알고 있는 우리의 관계를 여기 있는 사람들에게 밝히세요!

너무 광분한 찐짜의 과도한 몸짓에 옷 속에 숨겨 있는 둥근 그릇이 나와 버렸다.
버둥
버둥
삭
정말

미안합니다. 제가 부처님을 모함하려고 했습니다. 죽을 죄를 지었습니다.
천벌을 받을 거야!

교단의 분쟁

붓다의 법은 커다란 바다와 같다. 어느 곳에서 흘러 들어온 강물도 모두 바다에 들어오면 같아지듯, 계층, 신분 모든 것이
붓다의 법에 들어오면 같아진다. 다만 그 순서에 따라 예를 지킬 뿐 신분이나 귀천은 없다. 성스러운 법과 율에 따라
행할 뿐 교만해지거나 불통하지 마라. 그러나 그것이 어려워지면 무소의 뿔처럼 혼자서 가라. 올가미가 풀린 사슴처럼,
힘센 코끼리가 무리를 벗어나듯 물고기가 힘찬 몸짓으로 그물을 벗어나듯 무소의 뿔처럼 혼자서 가라.

안정되어 가던 교단에 큰 분쟁이 생긴다. 분쟁의 시작은 사소한 일이었으나 두 파로 나뉘어져 싸움은 커져갔다.

계율을 어겼잖아!
뭘 그런 거 가지고 그래.
답답이들아 그만해!
억지 좀 쓰지 마!

싸움이 끝날 조짐이 보이지 않고 계속 번졌다.

퍽
이얍
에잇
악

싸움과 논쟁을 멈춰라. 원한을 원한으로 해결할 수 없다. 용서만이 멈출 수 있다.

이런 싸움이라도 부처님께서는 절대자인 양 강하고 격하고 개입하지 않고,

양쪽 비구들을 타이르며 자신의 부모를 죽이고 나라를 빼앗은 원수를 용서했던 디가우 왕자의 이야기를 해주었다.

당신의 용서가 저를 깨우쳐 주셨습니다.

부처님 말씀은 알겠으나 이번 일은 저희가 알아서 해결해 보겠습니다.

부처님은 세 번씩이나 타일렀지만 소용없자 홀로 수행을 떠나셨다.

가는 길에 아누룻다, 난디야, 낌빌라가 머무는 곳에 들렀다. 세 사람은 서로 사이좋게 규율을 지키며 청정하게 수행하고 있었다.

너희들을 보니 참 기쁘구나.

부처님이 떠난 후 사방에서 비구들을 비난했다. 그들은 잘못을 뉘우치고,

당신들 수행자 맞아?
오지 마쇼. 보기도 싫소!
근처에 얼씬거리지 마시오!

한쪽의 비구들이 용서를 구하고 그에 대한 벌을 받는 것으로 해결되었다.

이번 일은 내가 계율을 어긴 것이 맞아, 미안하다.
그래. 앞으로는 계율을 철저히 지켜라.

부처님을 찾아 나선 비구들은 깊은 숲속에서 찾게 된다. 절제된 모습에 완전한 평화와 고요가 풍겨져 나왔다.

그 옆 코끼리가 그동안 시중을 들고 있었는데 과일을 따서 부처님께 드리고 주위의 나무와 풀들을 정리했다.

부처님, 죄송합니다. 저희들이 어리석었습니다. 용서하시고 돌아오십시오.
그대들이 지혜롭고 현명하지 못해 싸우는 모습이 안타깝구나.

어떤 경우라도 폭력을 써서 해를 끼쳐서는 안된다.
네~ 명심하겠습니다.

그 후에도 사소한 계율 또는 여러 사건으로 나툼이 있었으나 자체적으로 평화롭게 해결되었다.

계율에 따라~
대화로 자체 해결!

양식

부처님 시대나 지금이나 '일하지 않는 자 먹지 마라'라는 것이 하나의 불문율이 되어 왔다. 하지만 부처님께서는 그것조차 고정관념임을 깨우쳐 주셨다. 노동은 물리적인 것뿐만 아니라 정신적인 것도 포함한다. 눈에 보이지 않지만 이는 인류에게 크나큰 혜택과 기쁨을 주는 정신적 유산들만 보아도 쉽게 알 수 있다. 또한 권력자들은 이 말을 착취를 정당화하는 데 쓰기도 하는데 이는 잘못된 것이다. 부처님은 사상가인 동시에 혁명가였다. 결코 권력가들을 위해 이 말을 남긴 것이 아니다.

으샤
으차

워~이

항상 부지런히 노력하며 살고 있는 바라드와자라는 사람이 있었다.
곡식이 잘 익었구나.

온몸을 땀으로 적시며 육체적 노동을 통해 먹거리를 생산했다.

그러던 어느 날
자, 줄을 서라!

오잉? 저건 붓다잖아.

여보슈! 당신은 일도 안 하면서 뭘 얻어 먹으려 줄을 선 거요?
뻔뻔해

여기에 있는 모든 사람들은 다 땀 흘리고 고된 노동을 통해서 음식을 먹는단 말이오.
맞아
맞아

부처님을 여러 사람들 앞에서 게으름뱅이로 취급했다.
일하지 않으면 먹지도 말란 말이오.

나도 밭을 갈고 씨를 뿌리고 거둬서 먹습니다.
허걱
이제 거짓말까지….
그게 뭔 소리요? 나는 지금껏 당신이 농사일을 하는 것을 본 적이 없소이다.

믿음은 씨앗
고행은 비
지혜는 호미
마음은 잡아매는 줄
부끄러움은 막대기

몸과 마음을 함부로 하지 않고
식탐을 내지 않으며
진실로 김을 매고
진실
온화함으로 멍에를 벗깁니다.

정진은 밭을 가는 소이고, 속박으로부터 풀어줍니다.
이렇게 농사를 마치면 불사의 열매를 얻고 모든 고뇌에서 해탈합니다.

세상 모두를 물질로만 볼 수 있겠습니까? 정신도 물질 못지않게 중요하다는 것을 알아야 합니다.
물질
정신
균형

제가 마음의 양식을 키우시는 부처님의 깊은 뜻을 몰랐습니다. 무례를 용서하소서.
바라드와자는 부처님께 귀의하여 게으름 없이 정진하여 깨달음을 얻었다.

세 가지 이야기

어느 노인이 찾아왔다. 아들이 죽어 비탄에서 빠져나올 수 없다는 것이다. 붓다께서는 조용히 말씀하셨다.
-은혜롭고 사랑스러운 일에는 근심과 슬픔이 따릅니다. 누가 당신의 집을 빼앗고, 아내까지 죽는다면 어떻겠습니까?-
-그런 말은 마시오. 아들이 죽어 미칠 것 같은데, 집을 빼앗기고 사랑하는 아내마저 죽는다면 저는 같이 죽고 말겁니다.-
이에 붓다가 -이것이 사랑과 기쁨이 근심과 슬픔이 된다는 뜻입니다-라고 이르자, 그때서야 노인은 비탄에서 벗어났다.

첫 번째 이야기 한 여인이 죽은 아들을 살려달라며 부처님을 찾아왔다.
흑흑흑!

부처님 제 아이를 제발 살려 주세요! 이대로 보낼 수는 없습니다.

이 아이를 살리고 싶다면 단 한 번도 사람이 죽은 적이 없는 집안의 겨자씨를 가져오너라.

그녀는 죽을 힘을 다해 부처님께서 말씀하신 겨자씨를 구하려 했으나 죽음이 찾아오지 않은 집안은 찾아낼 수 없었다.
나도 자식을 잃었다오.
아버님께서 돌아가셨다오.
어머님이 얼마 전에. 흑흑~

부처님께서 겨자씨를 구해 오라는 의미를 깨닫고 아이를 보낼 수 있었다.

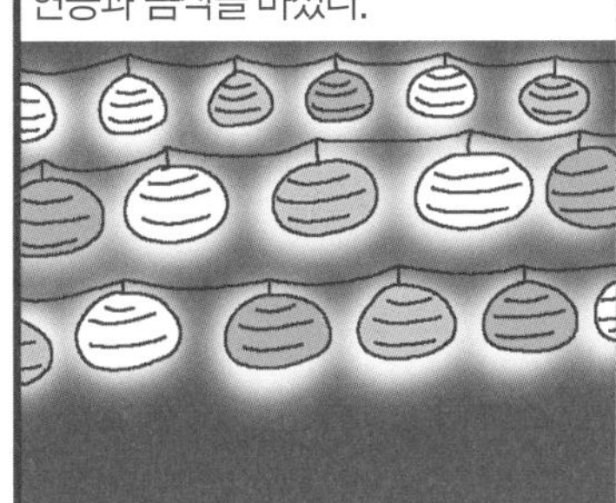
두 번째 이야기 어느 가난한 여인이 있었다. 그녀는 성대한 연등회가 열리고 있는 곳을 지나가고 있었다. 그곳에는 수많은 사람들이 부처님께 아름다운 연등과 음식을 바쳤다.

가난한 여인은 불 하나라도 부처님께 바치겠다는 일념으로 가진 돈을 전부 모아 등을 샀다.
먹고 살기도 힘들 텐데 기름 살 돈이 어딨다고?
가난해도 작은 공덕을 지을 만한 능력은 있습니다.

저도 부처님처럼 되기를 마음속 깊이 진정으로 기원합니다.

깊은 밤이 되자 모든 등불이 꺼졌는데 오직 그녀의 등만 켜져 있었다. 연등회가 끝나 불을 끄려 해도 꺼지지 않았다.

그 등불은 가난한 여인의 지극정성이 들어간 등으로 미래의 부처를 이룰 수 있는 공덕이 가득 차 있다.

세 번째 이야기 '니디'라는 가난하고 비천한 신분의 사람이 있었다.
부처님이 오신다! 앗싸!

아~참! 나는 똥지게나 지는 비천하고 더러운 놈이야. 감히 부처님을 뵈려는 무례를 저질러서는 안 되지.

그러던 어느 날 우연히 지나가시는 부처님을 뵙고 너무 놀라 시궁창에 빠지고 말았다.
부~ 부처님!
첨벙

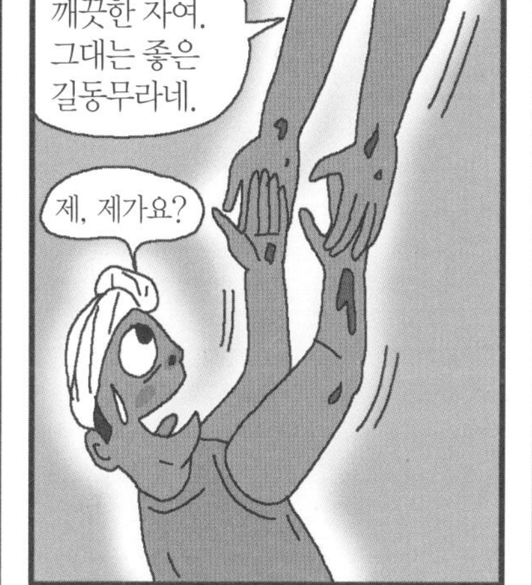
깨끗한 자여. 그대는 좋은 길동무라네.
제, 제가요?

일체의 중생은 모두가 평등하다. 거기엔 빈부, 귀천의 구별은 없다.
부처와 중생은 하나다.

앙굴리말라

빠세나디왕이 앙굴리말라를 잡아서 처형하려 했으나 부처님께서 그를 먼저 교화시켰다는 말에 부처님을 찾아뵈었다.

-부처님이시여, 극악무도한 살인자도 진리를 깨칠 수 있습니까?-

-왕이시여, 앙굴리말라는 악심을 모두 버리고 정진하고 있습니다.-

왕은 직접 앙굴리말라를 만나 보았다. 부처님 말씀대로 그는 자신의 죄를 뉘우치고 진정으로 붓다께 귀의한 모습이었다.

아힘사까라는 수행자가 있었다. 그는 총명할 뿐더러 스승에 대한 존경심이 남달랐다.

어느 날 스승이 외출하고 없을 때….

아힘사까 당신은 너무나 매력적이에요.

스승님 부인은 어머님 같은 존재입니다.

자신의 애정 공세를 피하자 스승 부인의 애정은 증오로 변해 버렸다.

아힘사까! 어디 두고 보자. 이놈아!

얼마 후

무슨 일이오?

아힘사까라는 놈이 저를 희롱하고 욕보이려 들었습니다.

억울해요!

끄이끄이

스승은 분노했지만 아힘사까의 능력과 힘을 아는지라 함부로 할 수 없어 그를 파멸시킬 꾀를 냈다.

내 이놈을 그냥!
부들부들

아힘사까야, 너는 천상 세계에 태어나고 싶다고 했지? 그러려면 100명의 손가락이 필요하단다. 너의 꿈을 이룰 수 있는 방법이니 당장 실행하거라!
네, 스승님!

아힘사까는 스승을 믿고 죽은 사람의 손가락 100개를 얻기 위해 살인을 저지르게 된다.

수많은 사람들이 그에게 죽임을 당하자 그를 앙굴리말라라 부르며 공포에 떨었다.

앙궁리말라가 근처에 있대!
나가면 안돼!
썰렁

99명을 죽이고 마지막 한 명이 남았다.

아들아.
그래. 엄마 손가락이면 100개가 채워진다.

그 순간 옆으로 부처님이 지나가셨다.

오~ 저 사문의 손가락이 있으면 100개가 된다.
거기 멈춰라!
느릿
느릿

온 힘을 내어 달려가도 천천히 걷는 부처님을 따라가지 못했다.

모든 살아 있는 존재는 고통 받거나
죽기를 바라지 않는다. 그러니 너의 잔인한 행동을 멈추어라.
헉헉

앙굴리말라는 부처님 말씀에 불타오르던 마음이 가라앉았다.

당신의 말을 따르기엔 너무 많은 사람을 죽였습니다.
그렇지 않다. 늦었다고 생각할 때가 가장 빠른 때이다. 이제라도 나의 제자가 되어라.

앙굴리말라는 부처님의 제자가 되었고, 공양을 하러 거리에 나갔다 수많은 사람들에게 돌팔매질을 당했다.

뻔뻔한 놈아!
퍼~억
이 인간 백정아!
쉬잉
퍽
퍽
너는 끔찍한 악마야!
죽어라!!

피투성이가 되어 온몸이 너덜너덜해진 앙굴리말라에게 조용히 말씀하셨다.

너의 업보다. 참고 견뎌라.
네, 이대로 맞아 죽어도 죄를 갚을 수 없다고 생각합니다.

앙굴리말라는 자신의 죄를 깊이깊이 반성하며 정진했다.

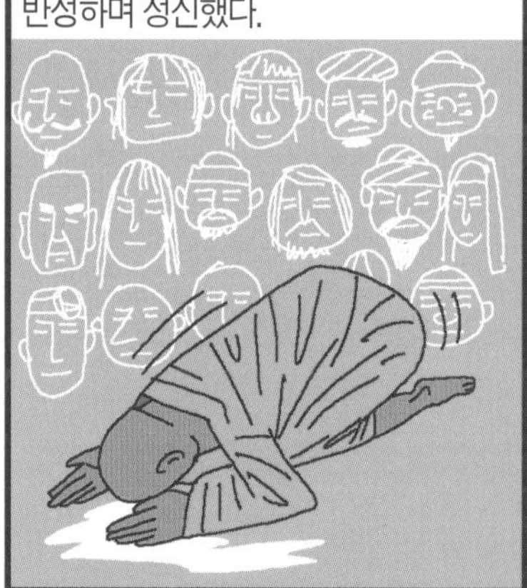

데와닷따와 아자따삿뚜 1

데와닷따는 불교를 개혁해서 지금보다 더 청빈하고 더욱더 엄격한 잣대로 규율을 정하고 실천하기를 바랐던 비구였다. 하지만 그것이 너무 지나쳐서 부처님과 사이가 틀어지게 된다. 그가 말한 규율대로 삶을 사는 사람들이 있었다는 기록이 아직 남아 있는 것을 보면 그를 극악무도한 자로 몰아 붙이기에는 좀 더 심도 있는 평가가 있어야 한다고 본다.

부처님의 부인 야소다라의 남동생, 즉 처남인 데와닷따는 웅변에 능하였고

저는 이렇게 외치는 바입니다.

와

오 역시 대단해!

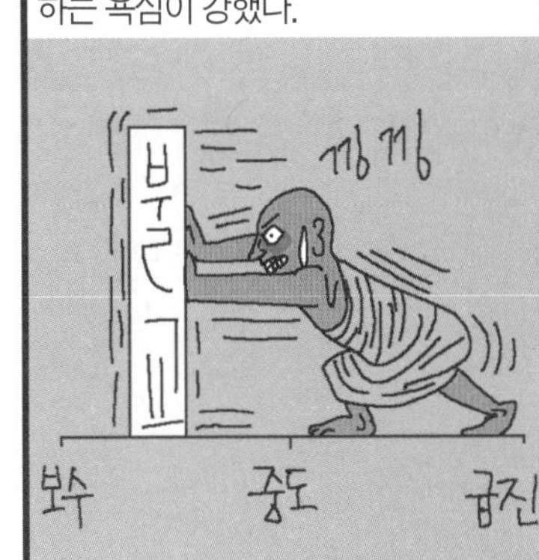
보수적인 성향이 강해서 중도 성향인 불교를 좀 더 급욕적으로 바꾸고 싶어 하는 욕심이 강했다.
불교
끼깅
보수
중도
급진

부처님, 수행자는 고기를 먹지 말고 분소의만 입고 평생 숲 속 나무 아래서만 살아야 합니다. 그러지 않으면 죄가 됩니다.

그건 수행자의 자유이니 죄다 뭐다 할 필요는 없느니라.

자신의 말이 인정받지 못하자 아자따삿뚜 왕자의 힘을 빌어 부처님의 자리를 차지하려 한다.
왕자님은 제가 하라는 대로 하시면 원하시는 걸 얻을 수 있습니다.
알았다. 너만 믿는다.

기회를 엿보던 어느 날.

부처님께서는 연세도 있으시니 그 자리를 저에게 물려주시고 푹 쉬시는 것이 좋을 듯합니다.

사리뿟따나 목갈라나 처럼 훌륭한 제자에게도 줄 수 없는 자리를 어찌 너에게 줄 수 있단 말이냐?

데와닷따는 모욕을 느끼며 그곳을 빠져 나왔다.

왕자님은 빔비사라왕을 제거해 왕이 되십시오. 저는 고마따(부처님)를 제거하여 교단을 개혁하겠습니다.

빔비사라왕은 왕자가 반역을 꾀한 것을 알았지만 오히려 왕위를 물려주었다.
아들아, 왜 그랬느냐?
왕이 되고 싶습니다.
허허, 좋다 니가 왕 해라.

그러나 왕이 되자마자 빔비사라왕을 굶겨 죽여 버린다.

우하하. 드디어 내가 왕이 되었다.

왕이시여! 이제는 저의 소원도 이루어 주소서!

좋다! 너에게 군사를 줄 테니 고마따를 제거하라!
넵!

어서 오시오. 그대가 뭘 원하는지 알고 있소.
부들 부들

죽을 죄를 지었습니다.
용서하소서.
잘못하기 전에 그 일을 멈추었기에 용서할 것도 없소.

그 후에도 여러 번 암살 시도가 있었으나 모두 회개하고 부처님의 제자가 되었다.

데와닷따와 아자따삿뚜2

아자따삿뚜는 아버지를 죽이고 왕이 된 자였다. 그는 자신의 패륜을 백성을 위한 어쩔 수 없는 선택이었고, 백성이 태평성대를 누릴 수 있다면 부모 자식 간의 사랑은 아무것도 아니라는 정치 논리로 백성들을 아리송하게 했다. 그러나 아무리 자신의 행동을 정당화하려 해도 아버지 아닌가? 결국 아버지를 죽인 죄책감에 괴로워하던 아자따삿뚜왕은 부처님께 귀의하여 마음의 평화를 얻고 교단을 지원, 보호하며 마가다국의 부흥을 이끌었다.

도저히 이해가 안 돼.
암살자들의 본분을
망각한 놈들!

내가 직접 나서 한 방
에 보내 버리겠어!
으흐흐

데와닷따는 부처님이 지나는
길목을 알아내어 언덕 위에서
돌을 굴렸다.

응….
돌은 부처님 발을
스쳐 지나갔다.

아, 아깝다. 조금만 늦게
굴렸으면 저 세상으로
보낼 수 있었는데….

사납기로 유명한 코끼리에게 술을
잔뜩 먹인 후 길에 풀어 놓았다.
쿵
쿵
~으 취한다.

크아앙

아….
뭐지?
저분의
온화한
눈빛!

폭력은 너에게
불행을 안겨줄 뿐이다.

뭐야. 코끼리마저!

부처님의 변함없는 모습과
인품에 감동한 아자따삿뚜는
데와닷따를 멀리했다.

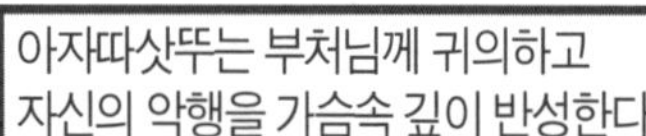
아자따삿뚜는 부처님께 귀의하고
자신의 악행을 가슴속 깊이 반성한다.

부처님,
제가 잘못했습니다.
용서하소서.
엉엉

데와닷따는 자신을 따르는 500여 명의
비구들을 데리고 자신만의 불교를
만들려 했다.
새 불교의 구심점은
데와닷따다!
불교개혁
나를
따르라!

그러나 데와닷따가 잠시 잠든 사이
사리뿟다와 목갈라나는 500여 명의 비
구를 타일러 부처님께로 돌아가게 된다.
저희들이 제 정신이
아니었습니다.
용서해 주세요.
그래그래.
다 용서하마.

그 후 데와닷따는 변절자로 낙인 찍혀
고생하며 살다가 죽었다고 한다.
쯧쯔~

카필라국의 멸망

비두다바는 왕에 오르자 잔인하고 무자비하게 카필라국을 멸망시켜 버렸다. 부처님께서는 멸망한 카필라국을 보고 슬픔에 빠졌다.

-모든 존재는 태어났다 죽는다. 그러니 태어남과 죽음이 없으면 그것이야말로 최고의 즐거움이다.-

부처님은 이렇게 말씀을 하시고 다시는 이곳에 오지 않겠다며, 7일 안에 비두다바왕과 전쟁에 참여한 군사들이 모두 죽을 것이라고 했다. 얼마 후 부처님 말씀대로 그들은 몰살당하고 만다. 코살라국은 혼란에 빠지고 마가다국은 그 틈에 코살라국을 정복해 버린다.

코살라국의 빠세나디왕이 죽자 아들 비두다바왕은 카필라국을 공격한다.
카필라국을 멸망시켜라!

그러나 번번이 부처님이 막아서서 실패한다.
부처님 고향인건 알지만 제 맘도 이해하셔야지요!

결국에는 부처님의 만류에도 불구하고 석가족은 멸망하고 만다.

마가다국과 코살라국의 태자들은 아버지를 힘으로 몰아내고 권력을 잡은 후
프라세나지트왕
빔비사라왕
무력
아자따삿뚜왕
비두다바왕

주위의 작은 나라를 정복하기 위해 호시탐탐 기회를 엿보고 있었다.
왜? 우리가 뭘?!
째려 보지 마!

아자따삿뚜왕은 신하에게 명령했다.

부처님을 찾아가 밧지족에 대해 아는 정보를 얻어 오너라.
예~

부처님은 신하에게 직접 말하지 않고 아난다에게 말했다.
아난다야~
네.

밧지족의 국민들은 자주 모여 대화를 하며 소통하고, 모든 국민들이 위아래 할 것 없이 서로 이해하며 나라를 이끈다고 한다. 그게 사실이냐?
단합
소통
대화
왕
국민
그렇습니다.

전통을 고수하고 새로운 문물의 장점을 취하며, 어른을 공경하고 그들의 조언에 귀 기울인다는데 그게 사실이냐?
전통
공경
네~ 그렇습니다.

남녀가 자신들의 의무를 충실히 이행하고 힘으로 노약자, 여자아이들을 이끌지 않으며, 조상께 제사를 잘 지내고 숭상한다는데 그게 사실이야?
네~ 사실입니다.
남성 의무
여성 의무

덕과 도를 지닌 종교인들을 잘 대해 준다고 하는데 그게 사실이냐?
네. 전부 다 사실입니다.

지금까지 말한 7가지를 밧지족이 잘 지키고 있다고 합니다. 그러니 밧지족은 파멸하지 않고 번영할 것입니다.
네, 그리 전하겠습니다.

석가족이 멸망한 아픈 기억이 있는 부처님은 나라가 파멸하지 않고 번영할 수 있는 7가지를 교단에도 적용하셨다.
교단도 마찬가지다.

서로 소통하지 않고 선배가 억지를 부리고 후배가 반항하고 힘센 자가 모든 것을 정하려 든다면 교단도 속세와 마찬가지로 사라질 것이니 한 순간이라도
그런 일이 생기지 않도록 하여라.
네

그러나 밧지족은 아차 하는 순간에 서로 의심하고 불통하여 멸망하고 만다.
드디어 정복했다!
밧지족
이렇게 끝인가!

의지하지 마라

부처님께서는 대부분의 삶을 홀로 정진하셨다. 처음에는 여러 스승을 찾아다니면서 진리의 길을 찾으셨지만 그것이 소용없음을 아시자 홀로 깨달음을 얻으셨다. 모든 것은 자신이 느끼지 않으면 어느 누구도 자신을 대신할 수 없음을 처음부터 아셨던 것이다. 옛 선사들은 수처작주 입처개진이라 하여 자신이 있는 곳에서 주인된 삶을 살아야 한다고 누누이 말씀하셨다. 그것은 부처님께서 말씀하신 '자신 속 등불로 세상을 비춰라'라는 말씀과 동일 선상에 있다고 할 수 있다.

부처님은 늙은 몸을 이끌고 아난다와 함께 소도시를 다니며 담마를 설했다.

그러던 어느 날
부처님, 사리뿟따와 목갈라나가….
두 분이 한꺼번에 돌아가시다니, 이게 무슨 변고입니까!

이어 부처님의 새어머니이자 최초의 비구니이신 마하빠자빠띠도 돌아가신다.
엉엉엉

아난다야…. 아무리 좋고 사랑해도 우리 곁에 영원히 머무를 수 있는 사람은 아무도 없다.
그래도 너무 슬퍼요.

부처님은 모국의 멸망과 새어머니, 제자의 죽음에도 흔들림 없이 담마를 지켜나갔다.

80세가 된 어느 날 붓다는 큰 병에 걸려 사경을 헤매다가….
부처님!

며칠 후 겨우 몸을 추스른다.
부처님, 괜찮으세요?
내 몸은 낡아서 무너져가는 수레를 가죽끈으로 겨우 지탱하는 상황이다.

비구들을 불러라. 그들에게 할 말이 있다.
네.

내가 입적할 때가 다가왔다.

그게 무슨 말씀이세요?

모든 생명체는 인연에 따라 지, 수, 화, 풍으로 모였다가 인연이 다하면 본래 자리로 되돌아가는 것이 자연의 이치이다. 나 또한 다르지 않다.
地
水
火
風

저희들은 어찌하라고 그런 말씀을 하십니까? 부처님이 안 계신 세상은 생각할 수도 없습니다.

누구에게도 의지해서는 안 된다. 내게도 의지하지 마라. 오직 자신 속 등불에, 오직 담마에 의지해야 한다.

다음 날 부처님은 다시 길을 떠났다.

반열반에 들다

자신이 깨달은 것을 중생에게 베푸시고 80세에 반열반에 드신 것이다. 결국 오지나 다름없는 곳에서 반열반에 드시게 된다. 35살에 열반을 증득하신 부처님께서는 온 인류를 위해 단 한 명이라도 더 무지에서 벗어나 진리의 감로수를 맛보게 하기 위해 노구를 이끌고 세상 곳곳을 다니다 완전한 열반에 들기 전까지 부처님께서는 자신이 아닌 중생을 위해 혼신을 다해 진리를 설하셨다.

'쭌다'라는 대장장이 아들의 집에서 잠시 머물며 공양을 했다.
많이 드세요.

공양을 마치고 길을 떠났으나 잠시 후 설사를 하고 피를 토했다.
쭌다의 음식 때문에 이렇게 되신 듯합니다.

아니다. 쭌다는 아무 잘못이 없다. 붓다가 되었을 때 올린 공양과 반열반에 이를 때 올린 공양은 같은 공덕이니 절대 '옳고' 그름을 따지지 마라.

다시 길을 가다 살구나무 숲에 가사를 펴고 누웠다.

그때 수밧다라는 수행자가 부처님을 찾아왔다.
한 번만 부처님을 뵙게 해주세요.
부처님께서는 쉬셔야 합니다!
아난다야. 괜찮으니 오시라고 해라.

부처님께 깨달음을 얻기 위해 어떻게 해야 하는지 물었고, 부처님은 사성제와 팔정도를 설하셨다.

수밧다는 부처님의 마지막 제자가 되었다. 수밧다가 물러나자~
평생을 헤매다 이제 부처님을 만나 깨달았습니다.

침묵이 흐르는 가운데
나에게 묻고 싶은 것이 있으면 물어라.

부처님 돌아가시면 안 됩니다.
이제 나는 떠나간다.

모든 존재는 변한다. 방일하지 말고 부지런히 정진하라.

기원전 544년 2월 15일. 싯다르타는 이 땅에 오신 지 80년, 붓다가 되신 지 45년 만에 반열반하셨다.

내 마음의 부처님 그리기

Part Two. The coloring for Buddha

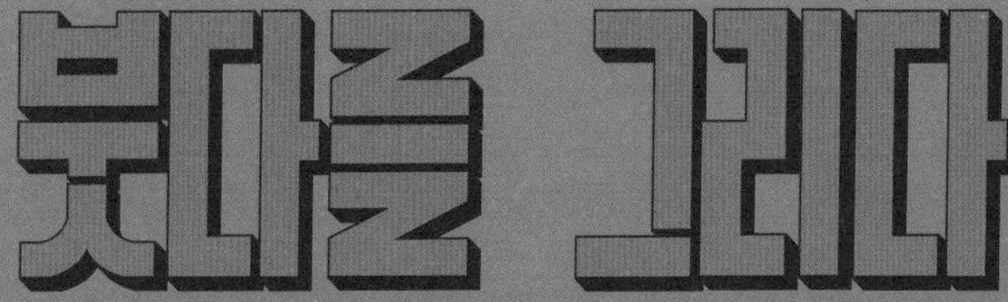

컬러링 테마 : 만다라 | 태몽 | 탄생 | 성장의 즐거움 | 호화로운 궁중 생활 | 아름다운 세상 | 결혼 | 라훌라의 탄생 | 성문 밖 세상 | 마라의 유혹 | 깨달음 | 진리를 설하다 | 윤회 | 가족과의 재회 | 여래 | 열반 | 연꽃 | 십우도 | 사천왕 | 나한 | 불심 | 모란 | 산사

THEME No.1 만다라

만다라는 '본질을 소유한 것'이라는 뜻으로
우주의 진리를 표현한다.

THEME No.2 태몽
부처님의 탄생을 예언한 마야왕비의 꿈.

THEME No.3 탄생
하늘 위와 하늘 아래에
오직 나 홀로 존귀하다.

THEME No.4 성장의 즐거움
어린 시절 학식과 무예가 뛰어나
모두에게 사랑을 받은 싯다르타.

THEME No.5 호화로운 궁중 생활
왕자로 태어난 싯다르타는 행복하고
풍요롭게 궁중에서 살았다.

THEME No.6 아름다운 세상

먹고, 사랑하고, 놀고…, 싯다르타도 한때는 세상이 아름답기만 했다.

THEME No. 7 결혼

붓다는 야소다라에게 청혼해
축복 속에 결혼한다.

THEME No.8 라훌라의 탄생

세상 무엇과도 바꿀 수 없는 아기,
라훌라가 태어났다.

THEME No.9 성문 밖 세상
성문 밖은 가난, 죽음, 약육강식이
지배하는 고통의 세상이었다.

THEME No.10 출가

나를 둘러싼 모든 벽을 넘어 해탈을 향해
나는 나의 길을 간다.

THEME No.11 희로애락의 초월

기쁨과 노여움, 슬픔과 즐거움,
그 무엇도 영원한 것은 없다.

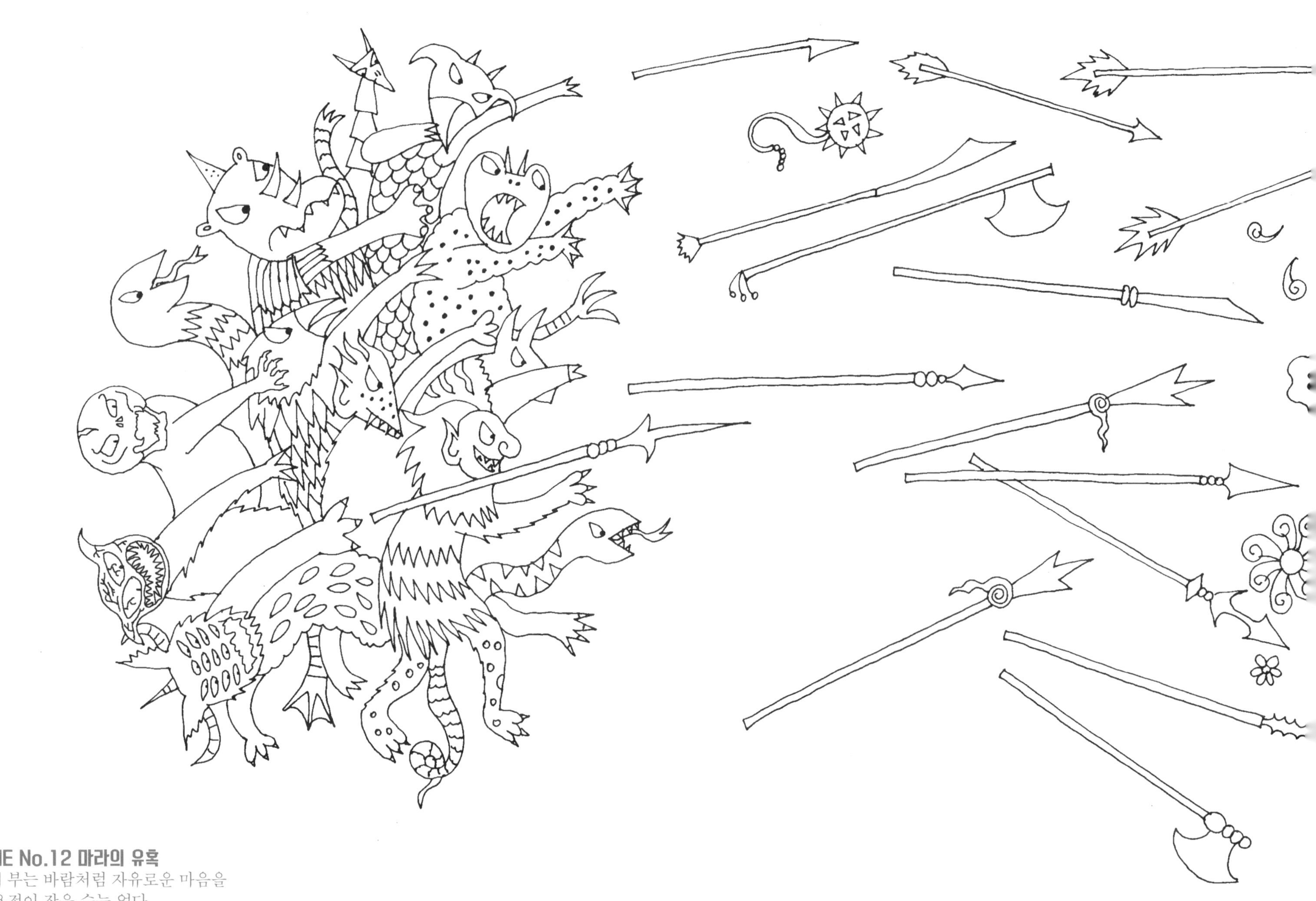

THEME No.12 마라의 유혹

하늘에 부는 바람처럼 자유로운 마음을
한낱 욕정이 잡을 수는 없다.

THEME No.13 깨달음

어둠과 어리석음의 세계는 사라지고,
고통과 고뇌의 수레바퀴에 말려들지 않는
여래의 세계가 열렸다.

THEME No.14 진리를 설하다

고통과 번뇌에서 벗어날 수 있는 길을
세상에 전하는 붓다.

THEME No.15 윤회

열반에 이르지 않는 한 윤회는 계속되니
현실의 삶에서 한 생각 한 생각을 깊이 다스려
언제나 고요함 속에 있으라.

THEME No.16 가족과의 재회

깨달음을 얻은 뒤 가족에게 돌아온 붓다.

THEME No.17 여래

여래는 곧 부처님이니 외우고 알아 가는 것 자체가 공덕이다.

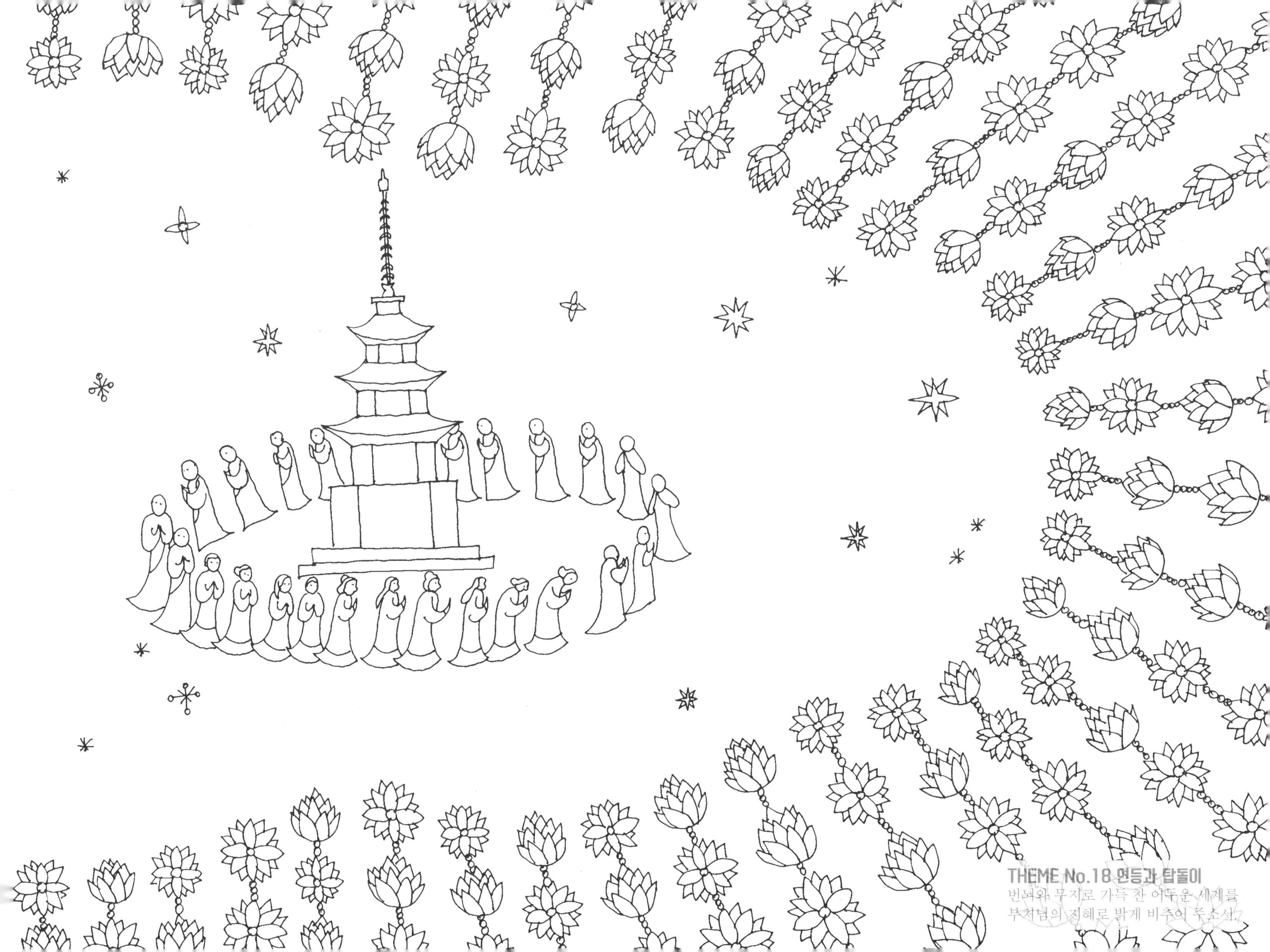

THEME No.18 연등과 탑돌이

번뇌와 무지로 가득 찬 어두운 세계를
부처님의 지혜로 밝게 비추어 주소서.

THEME No.19 열반

열반에 든 부처님은 모든 존재는 변하니 누구나 방일하지 말고 부지런히 정진하길 바랐다.

THEME No.20 연꽃

진흙 속에서도 아름다운 꽃을 피워내는
연꽃처럼 고고한 삶을 살고 싶다.

THEME No.21 십우도

소를 찾는 목동처럼 인간의 본성을
찾아 깨달음에 이르리.

THEME No.22 사천왕

본래 귀신들의 왕이었으나 불교에 귀의하여 부처님과 불법을 지키는 수호신이 된 사천왕.

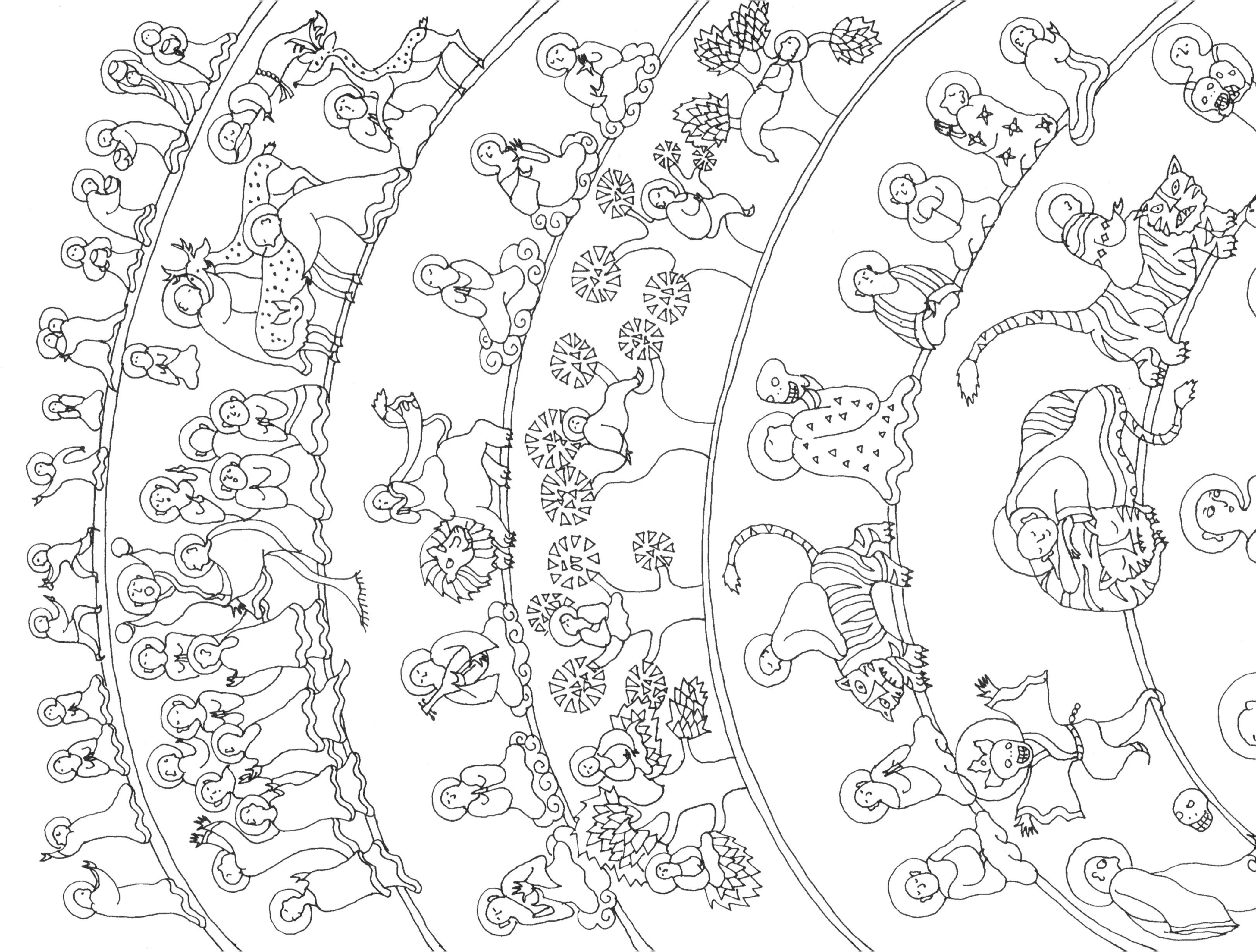

THEME No.23 나한

일체의 번뇌를 끊고 끝없는 지혜를 얻은 성자.

THEME No.24 불심
세상 만물이 그러하듯 나의 마음 가운데에도
자비와 사랑이 가득한 부처님의 불심이 머물라.

THEME No.25 모란

모란은 아무리 아름답게 피어도 허락된 시간만큼 살다 갈 뿐
허락되지 않는 시간에 미련을 갖지 않는다.

THEME No.26 산사

향 내음이 안개처럼 깔린 산사에 들른 바람은
끝내 머물지 못하고 풍경 소리로 남는다.

재일기 - 붓다를 그리다

The coloring for Buddha

1판 1쇄 발행 2015년 10월 15일

지은이 김재일
펴낸이 홍건국
펴낸곳 책앤
디자인 DESIGN FLIP
출판등록 제313-2012-73호
등록일자 2012. 3. 12.

주소 서울특별시 마포구 서교동 449-43 국일빌딩 303호
문의 02-6407-8206
팩스 02-6407-8206

ISBN 979-11-953338-4-4 (03220)

• 값은 뒤표지에 있습니다.
• 잘못되거나 파손된 책은 구입하신 서점에서 교환해 드립니다.